Σ BEST シグマベスト

Memorize Words in Context

短文で覚える

中学 英単語 1900

組田幸一郎 著

文英堂

はじめに

本書は，好評の『高校入試短文で覚える英単語1700』をベースに，改訂された中学校の教科書で出てくる文法や単語を分析し，バージョンアップさせたものです。

単語は羅列《られつ》して覚えるだけでは使えるようになりません。文やフレーズごと覚えることで，**文中での使い方を含めて理解し**，試験や実際の会話でも応用できるようになるのです。実際，『高校入試短文で覚える英単語1700』で英語の力がついたという，著者冥利《みょうり》に尽《つ》きる声が，私の元にたくさん届きました。

いちばん多いものは，単語を覚えるためにセンテンスを覚えたところ，長文が読めるようになったというものです。中学校で学ぶ文法項目をほぼ入れて作りましたので，暗誦《あんしょう》することで，自然と文法が理解できたのだと思われます。

本書を手にしてくれた皆さんの中には，英語が好きな人もいれば，あまり好きでない人もいるでしょう。苦手な人も，最後まで続けてください。英語ができるようになることは，今まで学習した方々が証明してくださいました。

改訂された本書は，単語を増やしただけでなく，中学１年生からでも学べるよう，**文法を基準に分け，難しいと思われる部分には解説を入れました。** より学びやすくなったと自負しております。

だれにとっても道は一歩から始まります。どんなプロでも，はじめは素人です。本書が皆さんの英語力の向上に役に立つことを期待してやみません。

著 者

勉強のしかた

英語の学習は毎日の積み重ねが大切です。「自分はこの程度でいい」と思わず，何回もくりかえして，毎日英文を覚えてください。お勧《すす》めしたい勉強方法は次の通りです。

1. 英文を読み，そのセンテンスの意味を考えてみる	分からない単語は，イラストを見ながら想像し，そのセンテンスを解釈してみましょう。
2. 日本語を見て，その意味があっていたかどうかを確認する	間違っていれば，どうして間違えたのかを考えましょう。
3. 単語や熟語をチェックして，それぞれの意味を確認する	分からない単語はどのような意味なのかをチェックしましょう。知っていた単語も，使い方や活用形などを確認しましょう。
4. 英文を音読する（5回以上）	意味をイメージしながら，音読してください。
5. 英文を暗記し，声に出す（3回以上）	英文を覚えて，テキストを見ないで，声に出して読みます。1文が長いときには，短く区切ってもかまいません。
6. 英文を暗記し，書いてみる（3回以上）	5の学習方法の応用です。声に出して読むのではなく，一気に英文を書いてください。
7. 英文を暗記していることを確認する	何も見ないで英文を言えたり，書けたりできているか，確認しましょう。

このように，単語を単語だけで覚えるのではなく，センテンスで覚えてください。センテンスで使われているため，名詞が複数形になっていたり，動詞が過去形になっていたりもします。基本形だけ覚えるほうが楽ですが，実戦的に使うために，この壁を乗り越えてください。

スポーツや国名など，まとめて覚えたほうがいい単語は，各STAGEの間に3回に分けてまとめてあります。合わせてこれらも覚えましょう。

もくじ

STAGE 1は中学1年生，STAGE 2･3は中学2年生，STAGE 4は中学3年生で習う文法の知識で理解できる例文を扱っています。(例文に含まれる見出し語は，学年に応じた順番にはなっていません。) 文法を習う学年は使っている教科書によって多少異なるので，おおよその目安と考えてください。また，含まれる見出し語の難易度が高い文は，文法項目に応じたSTAGEよりも上のSTAGEにおかれている場合があります。

文法Check! 一覧

この本は，例文の理解を助ける文法解説「文法Check!」を50項目掲載しています。解説が必要な例文のそばには，参照すべき「文法Check!」のページが示してありますので，必要に応じて参照しながら，学習を進めてください。

この本の表記について

→ 1 ページの構成

CDのトラック番号
(p.10参照)

例文番号

例文
見出し語の部分が，赤字になっています。付属の赤フィルターも活用して，暗記しましょう。

例文の日本語訳

学習進度のめもり
そのSTAGEの例文を，何%まで学習したかがわかります。

その例文を理解するために参照すべき文法Check!の場所が示してあります。

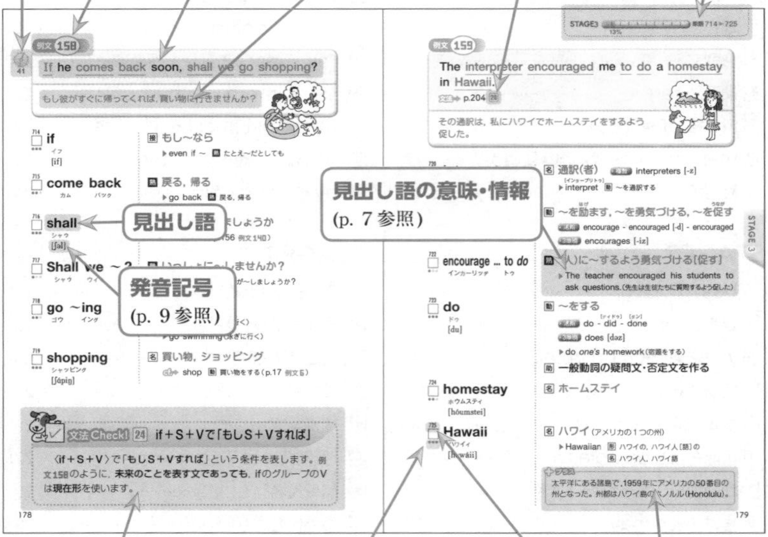

見出し語

発音記号
(p. 9参照)

見出し語の意味・情報
(p. 7参照)

見出し語の通し番号

文法Check!
例文の理解を助ける文法の解説です。

レベル表示
その語句の入試必要度を示しています。
(p. 8参照)

＋プラス
見出し語の使い方や，その語句に関連する知識を紹介しています。

→2 表記について

1 品詞・熟語

名 名詞　動 動詞　形 形容詞　副 副詞　接 接続詞
代 代名詞　助 助動詞　前 前置詞　冠 冠詞　間 間投詞
熟 熟語

2 語形変化

・複数 名詞の複数形　・活用 動詞の活用（原形 − 過去形 − 過去分詞）
・3単現 動詞の3人称単数現在形
・比較 形容詞・副詞の比較変化（原級 − 比較級 − 最上級）

3 関連して覚えたい語句・知識

・同 同意語（同じ意味の語）　・反 反意語（反対の意味の語）

▶ その語句の派生語（品詞の変化した語）・類似語（似た意味の語）・その語句を用いた熟語・フレーズ

▶ その語句を用いた例文

cf.→ 本書の別のページに派生語・類似語・熟語など関連語句がある場合の，参照箇所

4 注意すべき語

発 発音に注意　ア アクセントの位置に注意　つ つづりに注意

5 その他

(　)	(　)内の語句を省略可能
[　]	[　]内の語句をその直前の語句とおきかえ可能
/	/ の前後の語句のどちらも使用可能
～, …, ＿	その部分に語句，節がくる
one	（熟語などで）人称代名詞のかわり（主語に応じてoneにI，youなどが入る）
do	（熟語などで）動詞の原形のかわり

→ 3 レベル表示

1 中学の全教科書を分析して見出し語を選定

この本には，見出し語約1400語，その関連語句約500語，合計1900語以上の英単語・熟語が掲載されています。

高校入試に出る英単語は基本的に，中学校で使用される教科書から出題されます。現在の学習指導要領では，中学3年間で1600語程度を学ぶことになっていますが，どんな単語を扱うかはそれぞれの教科書（6社が発行しています）により異なります。このため，「自分が学校で使っている教科書に載っていない語が入試で出るのでは」と不安になる受験生もいるでしょう。

入試で高得点を目指す人や，難関国立・私立高校を目指す人は，自分の使っている教科書の内容以外にも，できるだけ多くの語句を覚えて，試験に臨むに越したことはありません。この本では，**6社すべての教科書を分析**し，教科書に掲載されている様々な語句を，なるべくたくさん見出し語としてとりあげるようにしました。

2 4段階のレベル表示で，入試必要度が一目でわかる

6教科書のうち，とくに採択数の多い3つに掲載された語句を調べ，各見出し語に次のようなレベル表示をつけています。

●●● 3教科書のすべてに出てくる語句
●●○ 3教科書のうち2つに出てくる語句
●○○ 3教科書のうち1つに出てくる語句
○○○ 3教科書のいずれにも出てこない語句

●●●は**最重要語句**，●●○や●○○も必ず覚えておきたい**必修語句**です。○○○も，3教科書以外の教科書のいずれかで掲載されているものがほとんどです。**準必修語句**として押さえましょう。

試験までに時間がない場合は**入試必要度の高いものから優先的**に覚え始め，なるべく多くの語句を身につけるようにしましょう。

→ 4 発音について

1 見出し語の発音表記

見出し語の発音は,「カタカナ」と「発音記号」で示しています。

青い太字は強く発音する（アクセント）部分

reporter
リポータァ
[ripɔ́ːrtər]

アクセント記号は，母音がふたつ以上ある語（２音節以上の語）の中で最も強く発音する部分（第１アクセント）のみにつけています。

見出し語以外の語句には，必要に応じて「カタカナ」か「発音記号」をつけています。英語に近い発音をカタカナで表すと読みにくくなります。読みやすい表記にすれば，実際の発音と違ってしまいます。できるだけ読みやすく，英語に近い表記を心がけましたが，カタカナに頼らず，CDを聞いて自分の耳で確かめてください。

2 語形変化の発音表記

名詞の「複数形」と動詞の「活用」「3単現」，形容詞・副詞の「比較変化」について，不規則変化を始め，原形と違う発音になるものには「カタカナ」あるいは「発音記号」をつけました。規則変化の表記は以下のとおりです。

▶ **名詞の複数形の発音**は，単数形に[-s]《ス》 [-z]《ズ》 [-iz]《イズ》のいずれかをつけた形が基本で，その形を示しています。それ以外の場合は「発音記号」で示しています。

例　複数 **names** [-z] / 複数 **kinds** [kaindz]

▶ **規則動詞の過去形・過去分詞形の発音**は，原形に[-t]《ト》 [-d]《ド》 [-id]《イド》のいずれかをつけた形が基本で，その形を過去形のところに示しています。それ以外の場合は「カタカナ」で示しています。

例　活用 **ask - asked** [-t] **- asked** / 活用 **hear - heard**《ハードゥ》 **- heard**

▶ **動詞の３人称単数現在形の発音**は，原形に[-s]《ス》 [-z]《ズ》 [-iz]《イズ》のいずれかをつけた形が基本です。それ以外の場合は「発音記号」で示しています。

▶ **形容詞・副詞の比較変化の発音**は，比較級は原級に[-ər]《ア》をつけた形が基本です。最上級は[-est]《エスト》か[-ist]《イスト》のいずれかをつけた形が基本で，その形を示しています。

CD収録音声の内容

→ 1 付属CD

付属のCDには，300の例文の音声が収録されています。CDを聞いて正しい発音を確認するとともに，耳を使って英文を暗記しましょう。

各トラックの最初に読まれる例文のページには，トラック番号が示されています。

各例文は英語で1回ずつ読まれます。トラック番号は，各STAGEの最後を除き，4例文ごとを基本に設定されています。

トラック番号

1	例文1～4	STAGE 1
2	例文5～8	
3	例文9～12	
	⋮	
19	例文73～74	
20	例文75～78	STAGE 2
	⋮	

→ 2 無料リスニングアプリで便利に再生

SigmaPlayer2
リスニングアプリ（音声再生用）
SigmaPlayer2
無料アプリで文英堂の参考書・問題集の音声を聞くことができます。音声の速度を３段階に調整できます。

App Store, Google Playで「シグマプレーヤー」を検索！

●通信料は別途必要です。動作環境は弊社ホームページをご覧ください。●App StoreはApple Inc.のサービスマークです。●Google PlayはGoogle LLCの商標です。

お持ちのスマホやタブレットに音声再生用無料アプリ「SigmaPlayer2」をインストールすると，本書の「300の例文（日本語訳を含む）と見出し語（英語のみ）」の音声を聞くことができます。

※小社ウェブサイトより，音声ダウンロードも可能です。下記URLにアクセスし，「ダウンロード」ページをご覧ください。**www.bun-eido.co.jp**

STAGE 1

➔ 例文 1～74

➔ 単語 1～337

➔ CD 1～19

➔ 文法Check! 1～11

例文 **1**

01

That cute reporter is from Canada.

あのかわいいレポーターは，カナダ出身だ。

1 ☐ **cute**
キュートゥ
[kjuːt]

形 かわいい

・比較 cute - cuter - cutest

・同 pretty（p.32 例文 21）

2 ☐ **reporter**
リポータァ
[ripɔ́ːrtər]

名 レポーター

・複数 reporters [-z]

cf.→ report 動 ～を報告する（p.57 例文 46）

▶a reporter for a newspaper（新聞記者）

3 ☐ **be from ～**
ビ　フラム

熟 ～出身である

（come from ～とほぼ同じ意味。現在形で使われることが多い）

4 ☐ **Canada**
キャナダ
[kǽnədə]

名 カナダ

▶Canadian《カネイディアン》 ア 名 カナダ人， 形 カナダ（人）の

プラス

カナダは北アメリカ北部にある英連邦王国の1つ。首都はオタワ（Ottawa）で，英語とフランス語を公用語としている。

文法Check! 1 be動詞

be動詞は，左右を＝（イコール）でつなぎます。この例文の場合は，That cute reporter = from Canada，つまり，「あのかわいいレポーター」＝「カナダ出身」となり，「あのかわいいレポーター**は**カナダ出身**である**」となります。

例文 2

Sightseeing in Kyoto is expensive.

京都の観光費用は高い。

5 **sightseeing**
サイトスィーング 発
[sáitsiːiŋ]

名 観光
▶ go sightseeing（観光に行く）
▶ take a sightseeing tour（観光旅行をする）

6 **in**
イン
[in]

前 ～（の中）に［で］
副 中へ
反 out（外へ）（p.126 例文111）

7 **is**
イズ
[iz]

動 ～である，ある，いる
（beの3人称単数・現在形）

8 **expensive**
イクスペンスィヴ ア
[ikspénsiv]

形 高価な，費用のかかる
比較 expensive - more expensive - most expensive
反 cheap（安い）（p.223 例文202）
▶ an expensive hobby（費用のかかる趣味）
▶ an expensive camera（高価なカメラ）

be動詞の活用

主語 / 時制			現在形	過去形	過去分詞
1人称	単数	I	am	was	been
	複数	we	are	were	
2人称	単数	you	are	were	
	複数				
3人称	単数	he/she/it	is	was	
	複数	they	are	were	

例文 3

Sometimes we cook food together.

ときどき，私たちはいっしょに料理をする。

9 □ **sometimes**
サムタイムズ
[sʌ́mtaimz]

副 ときどき

10 □ **cook**
クック
[kuk]

動 ～を料理をする

・活用 cook - cooked [-t] - cooked

・3単現 cooks [-s]

名 料理人

・複数 cooks [-s]

cf.→ chef（料理長）（p.252 例文 227）

11 □ **food**
フードゥ
[fuːd]

名 食べ物，食物

・複数 foods [fuːdz]

▶ food and drink（飲食物）

▶ health foods（健康食品）

12 □ **together**
トゥゲザァ
[təgéðə*r*]

副 いっしょに

▶ get together 熟 集まる

▶ together with ～ 熟 ～とともに

文法Check! 2 現在形

現在形とは，「現在のこと」を表すというよりは，いつも行われているような「**習慣的**」なことや，「信じている」「知っている」などのような「**状態**」を表します。この例文の場合は「ときどき，私たちは料理をする」ということが，習慣的に行われることを表しています。

例文 4

We had tea and cake in the hotel.

文法 ➡ p.20 5

私たちは，ホテルでお茶とケーキをいただいた。

13 □ **have**《ハヴ》
[hæv]

動 ～を持っている，～を食べる，飲む

・活用 have - had《[ハドゥ]》 - had

・3単現 has [hæz]

14 □ **tea**《ティー》
[tiː]

名 紅茶，1杯のお茶
（ふつうaをつけたり複数形にしたりしない）

・複数 teas [-z]

＋プラス

tea, coffee, milkなどはふつう数えられない名詞なので，a cup of tea（カップ1杯のお茶），two glasses of milk（コップ2杯の牛乳）など，単位を表す語で数えるが，注文するときなどには "Three teas, please."（紅茶を3つください）のようにいえる。

15 □ **and**《アンドゥ》
[ənd]

接 そして，～と…，
（命令形の後で）そうすれば…

16 □ **cake**《ケイク》
[keik]

名 ケーキ

・複数 cakes [-s]

▶ make a cake（ケーキを作る）

＋プラス

切り分けていないケーキ1個はa cakeとするが，切ったものはa piece of cake（1切れのケーキ）のように数える。

17 □ **hotel**《ホウテゥ》 ア
[houtél]

名 ホテル

・複数 hotels [-z]

▶ stay at a hotel（ホテルに泊まる）

例文 5

02

I saw a beautiful woman among the trees.

私は木々の中で，美しい女性を見た。

18 **see**
スィー
[siː]

動 ～を見る，～に会う

活用 see - saw - seen《スィーン》

3単現 sees [-z]

▶ see a doctor 熟 医者にみてもらう

19 **beautiful**
ビューティフゥ
[bjúːtifəl]

形 美しい，きれいな

比較 beautiful - more beautiful - most beautiful

▶ beauty《ビューティ》 名 美しさ，美人

▶ a beautiful flower（美しい花）

▶ a beautiful drawing（美しい絵）

▶ a beautiful location（美しい場所）

20 **among**
アマング
[əmʌ́ŋ]

前 ～の中［間］に［で，を］

プラス
amongはふつう3つ以上のものの中にあることを表し，2つのものの間にあることを表すにはbetween（p.71 例文60）を使う。

21 **tree**
トゥリー
[triː]

名 木

複数 trees [-z]

cf. wood（木材）（p.144 例文129）

▶ tree rings（年輪）

▶ a dead tree（枯れ木）

▶ cut down a tree（木を切り倒す）

例文 6

Did you buy those blue clothes at that shop?

あのお店で，あれらの青い服を買ったのですか？

22 □ **blue**
ブルー
[bluː]

形 青い

・比較 blue - bluer - bluest [-ist]

名 青

23 □ **clothes**
クロウズ 発
[klouz]

名 服

▶ cloth《[クロース]》 名 布

▶ take clothes off (服を脱ぐ)

▶ put clothes on (服を着る)

▶ wear clothes (服を着ている)

▶ fold my clothes (服をたたむ)

24 □ **shop**
シャップ
[ʃɑp]

名 店

・複数 shops [-s]

・同 store (p.124 例文 109)

▶ open a shop (店を開く)

▶ keep a shop (店を経営している)

▶ a shop assistant (店員) 〔主にイギリス〕

▶ an empty shop (客のいない店)

▶ a local shop (地元の商店)

動 買い物をする

・活用 shop - shopped [-t] - shopped

・3単現 shops [-s]

cf.➡ shopping 名 買い物 (p.178 例文 158)

例文 7

Yesterday, I drove a car for the first time.

昨日，私は初めて車を運転した。

25 **yesterday**
イエスタディ
[jéstərdei]

副 昨日（は）

名 昨日

cf.➡ today（今日）（p.197 例文176）
tomorrow（明日）（p.122 例文107）

26 **I**
アイ
[ai]

代 私は

27 **drive**
ドライヴ
[draiv]

動 ～を運転する

・活用 drive - drove - driven《ドリヴン》

・3単現 drives [-z]

cf.➡ driver 名 運転手（p.164 例文148）

▶careful drive（慎重な運転）

28 **car**
カー
[kɑːr]

名 車

・複数 cars [-z]

▶get in a car（車に乗る）

▶a used car（中古車）

▶an electric car（電気自動車）

▶an official car（公用車）

29 **for the first time**
フォー ザ ファーストゥ タイム

熟 初めて

cf.➡ first 形 第1の（p.112 例文97）

例文 8

Mary caught three small fish at the lake.

メアリーは，湖で3匹の小さい魚をつかまえた。

30 □ **catch**
キャッチ
[kætʃ]

動 ～をつかまえる，～に間に合う
活用 catch - caught - caught
3単現 catches [-iz]

31 □ **three**
スリー
[θriː]

名 3，3人
形 3の，3人の

32 □ **small**
スモーゥ
[smɔːl]

形 小さい
比較 small - smaller - smallest [-ist]
反 big（大きい）（p.163 例文147）
large（大きい，広い）（p.34 例文23）
▶a small country（小さい国）
▶small children（小さい子どもたち）
▶a small amount of salt（少量の塩）

33 □ **fish**
フィッシュ
[fiʃ]

名 魚
複数 fish（単数・複数が同じ形）
動 釣《つ》りをする
活用 fish - fished [-t] - fished
3単現 fishes [-iz]
▶fishing 名 釣り

34 □ **lake**
レイク
[leik]

名 湖 複数 lakes [-s]
▶swim in the lake（湖で泳ぐ）
▶Lake Biwa（琵琶湖）

例文 9

03

Did you hear our club's plan for summer vacation?

夏休みのクラブの計画を聞きましたか？

35
hear
ヒア
[hiər]

動 ～を聞く，～が聞こえる

活用 hear - heard《ハードゥ》 - heard

3単現 hears [-z]

▶hear from ～ 熟 ～から連絡がある

▶hear of ～ 熟 ～のことを耳にする

プラス

hear *vs.* listen to

hearは「音が自然と耳に入る」という意味で，ふつう進行形や命令文にしない。listen toは「進んで耳をかたむける」という意味で，進行形や命令文にできる。

36
club
クラブ 発
[klʌb]

名 クラブ，部

複数 clubs [-z]

37
summer
サマァ
[sʌ́mər]

名 夏

複数 summers [-z]

▶a summer picnic（夏のピクニック）

38
vacation
ヴェイケイション 発
[veikéiʃən]

名 休《きゅう》暇《か》，休日，休み

複数 vacations [-z]

同 holiday（休日）（p.60 例文 49）

▶Christmas vacation（クリスマス休暇）

例文 10

He always listens to classical music at night.

彼はいつも，夜にクラシック音楽を聞きます。

39 **always**《オールウェイズ》 [ɔ́ːlweiz]

副 いつも

40 **listen**《リッスン》 発 [lísən]

動 聞く

・3単現 listens [-z]

・活用 listen - listened [-d] - listened

41 **listen**《リッスン》 **to**《トゥ》 **～**

熟 ～を聞く

42 **classical**《クラスィカゥ》 [klǽsikəl]

形 古典の，クラシックの

▶classical music（クラシック音楽）

43 **music**《ミューズィック》 [mjúːzik]

名 音楽

cf.→ musical 形 音楽の（p.300 例文 275）

▶rock music（ロック音楽）

44 **night**《ナイトゥ》 [nait]

名 夜

・複数 nights [naits]

・反 day（昼）（p.255 例文 230）

cf.→ last night 熟 昨晩（p.236 例文 215）

45 **at**《アットゥ》 **night**《ナイトゥ》

熟 夜に

例文 **11**

Everyone knows the famous astronaut.

すべての人が，その有名な宇宙飛行士を知っている。

46 **everyone**
エヴリワン
[évriwʌn]

代 全員，みんな

・同 everybody（p.283 例文 258）

47 **famous**
フェイマス
[féiməs]

形 有名な

・比較 famous - more famous - most famous

cf.→ be famous for ～ 熟 ～で有名である
（p.54 例文 43）

▶ a famous singer（有名な歌手）

48 **astronaut**
アストゥロノートゥ
[ǽstrənɔːt]

名 宇宙飛行士

・複数 astronauts [-nɔːts]

文法 Check! 3 3単現（3人称単数現在）のs

話をするとき，話している自分のことは「1人称《にんしょう》」，話し相手は「2人称」，それ以外のすべては人でもモノでも動物でも，「3人称」に分けられます。主語が「**3人称**」であり，heやshe，itで置きかえられる「**単数**」の時には，動詞に**s**［**es**］がつきます。例文 10は，主語がHeなのでlistenがlistensになります。例文 11では，everyoneは単数扱いになるので，knowがknowsになります。

例文 12

My sister bought only four flowers at the market.

妹〔姉〕は，市場で４本だけ花を買いました。

49
sister
スィスタァ
[sístər]

名 姉，妹

- 複数 sisters [-z]
- 反 brother（兄，弟）（p.39 例文 28）
- ▶ an older[elder / big] sister（姉）
- ▶ a younger sister（妹）

50
only
オウンリ
[óunli]

副 ただ〜だけ

形 たった1つ〔1人〕の

51
four
フォー
[fɔːr]

名 4，4人

形 4の，4人の

52
flower
フラウァ 発
[fláuər]

名 花

- 複数 flowers [-z]
- cf.→ blossom（〔果樹の〕花）（p.277 例文 252）
- ▶ grow flowers（花を育てる）
- ▶ water flowers（花に水をやる）

53
market
マーキットゥ
[máːrkit]

名 市場《いちば》，市場《しじょう》

- 複数 markets [-kits]
- cf.→ supermarket（スーパーマーケット）（p.64 例文 53）
- ▶ a fish market（魚市場）
- ▶ growth market（成長市場）

例文 13

04

The pond in the temple is about 10 feet deep.

その寺の池は，約10フィートの深さである。

54 **pond**
パンドゥ
[pɑnd]

名 池

・複数 ponds [pɑndz]

▶ a round pond（丸い池）

▶ dry up the pond（池を干《ひ》上がらせる）

55 **temple**
テンプゥ
[témpl]

名 寺

・複数 temples [-z]

cf. shrine（神社）（p.147 例文 132）
church（教会）（p.148 例文 133）

56 **feet**
フィートゥ
[fiːt]

名 フィート（foot（足）の複数形）

cf. foot（p.193 例文 172）

▶ I'm five feet four（inches tall）.
（私は5フィート4インチです）

プラス
フィートは長さを表す単位で，1フィートが約30センチメートル。

57 **deep**
ディーブ
[diːp]

形 深い，（色などが）濃い

・比較 deep - deeper - deepest [-ist]

▶ This lake is very deep.（この湖はとても深い）

▶ a deep breath（深呼吸）

▶ deep affection（深い愛情）

▶ deep anger（深い怒り）

▶ deep blue eyes（濃い青色の目）

例文 14

Can I sit next to you?

文法➡ p.58 [8]

あなたの隣に座っていいですか？

58 **can**
キャン
[kən]

助 ～することができる
cf➡ be able to *do*（p.125 例文110）
could（p.180 例文160）

59 **Can I ～ ?**
キャン　アイ

熟 ～していいですか？
▶Can you ～？ 熟 ～してくれますか？

60 **sit**
スィットゥ
[sit]

動 座る
・活用 sit - sat - sat
・3単現 sits [sits]
・反 stand（p.303 例文278）
▶sit down 熟 座る，着席する
▶sit on ～ 熟 ～に座る

61 **next**
ネクストゥ
[nekst]

形 次の
▶next Sunday（次の日曜日）
▶the next train（次の列車）
▶the boy next door（隣の部屋の男の子）

副 次に，今度は

62 **next to ～**
ネクストゥ トゥ

熟 ～の隣に

63 **you**
ユー
[juː]

代 あなた

例文 15

I share a desk and computer with my brother.

私は兄[弟]と，机とコンピューターを共有している。

64 **share**《シェア》
[ʃeər]

動 ～を共有する，～を分配する

活用 share - shared [-d] - shared

3単現 shares [-z]

▶ share a responsibility（責任を分担する）

▶ share my delight with you（あなたと喜びを分かち合う）

▶ share the housework（家事を分担する）

名 分け前，役割，仕事の分担

複数 shares [-z]

65 **share**《シェア》 **~ with**《ウィズ》 **...**

熟 ～を…と共有する

66 **desk**《デスク》
[desk]

名 机，（受付の）デスク

複数 desks [-s]

▶ an information desk（案内所）

67 **computer**《コンピュータァ》 ア
[kəmpjúːtər]

名 コンピューター

複数 computers [-z]

▶ computer science（コンピューター科学）

▶ computer programmer（コンピュータープログラマー）

▶ a personal computer (= a PC)（パソコン）

例文 16

Someone is walking across the street quickly.

文法➡ p.40 6

だれかが，すばやくその通りを横切って歩いている。

68 **someone**
サムワン
[sʌ́mwʌn]

代 だれか

・同 somebody（p.312 例文 287）

69 **across**
アクロース
[əkrɔ́ːs]

前 ～を横切って

70 **street**
ストリートゥ
[striːt]

名 通り，道

・複数 streets [striːts]

cf.➡ road（道路）（p.305 例文 280）

way（道）（p.181 例文 161）

▶ a busy street（にぎやかな通り）

▶ a wide street（広い通り）

▶ street dress（外出着）

▶ street lamp（街灯）

＋プラス

street *vs.* road
streetは建物の間を通る「街路」，roadは「道路」を表すもっとも一般的な語。

71 **quickly**
クウィックリ
[kwíkli]

副 すばやく

・比較 quickly - more quickly - most quickly

・反 slowly（ゆっくりと）（p.33 例文 22）

▶ quick 形 速い，機敏な

cf.➡ fast（速く）（p.34 例文 23）

05

例文 17

Millions of soccer fans watched the special match on TV.

文法➡ p.30 4

何百万人ものサッカーファンが，テレビでその特別試合を見た。

72 **million**《ミリョン》 [míljən]

名 100万

・複数 millions [-z]

73 **millions of ～**《ミリョンズ　オヴ》

熟 何百万の～

cf.➡ hundreds of ～（何百の～）（p.218 例文 197）

74 **soccer**《サカァ》 [sákər]

名 サッカー

▶ play soccer（サッカーをする）

＋プラス

サッカーはアメリカではsoccer，イギリスではfootballを使う。

75 **special**《スペシャゥ》 [spéʃəl]

形 特別な

・比較 special - more special - most special

▶ special ceremony（特別な儀式）

▶ special diet（特別な食事）

76 **match**《マッチ》 [mætʃ]

名 試合，好敵手

・複数 matches [-iz]

・同 game（試合）（p.261 例文 236）

▶ a rugby match（ラグビーの試合）

例文 18

I agree with your wonderful idea.

私は，あなたのすばらしいアイディアに賛成です。

77 **agree** 《アグリー》
[əgríː]

動 ～に賛成する，～に同意する

- 活用 agree - agreed [-d] - agreed
- 3単現 agrees [-z]
- 反 disagree（反対する）（p.310 例文 285）

78 **agree《アグリー》 with《ウィズ》 ～**

熟 ～に賛成する，～に同意する

- 反 disagree with ～（～に反対する）（p.310 例文 285）

79 **wonderful** 《ワンダフゥ》
[wʌ́ndərfəl]

形 すばらしい，すてきな

- 比較 wonderful - more wonderful - most wonderful

▶ a wonderful trip（すばらしい旅行）

▶ a wonderful smile（すばらしい笑顔）

▶ a wonderful adventure（すばらしい冒険）

80 **idea** 《アイディア》
[aidíə]

名 考え

- 複数 ideas [-z]

▶ a great idea（すごい考え）

▶ a good idea（よい考え）

▶ force his idea to others
（彼の考えを他人に押しつける）

例文 19

He repaired the roof in windy weather.

彼は風の強い天気の中，屋根を修理した。

81
repair
リペァ
[ripéər]

動 ～を修理する

活用 repair - repaired [-d] - repaired

3単現 repaires [-z]

名 修理

82
roof
ルーフ
[ruːf]

名 屋根

複数 roofs [-s]

▶ the roof of a car（自動車の屋根）

83
windy
ウィンディ
[wíndi]

形 風の強い

比較 windy - windier - windiest [-ist]

cf.→ wind 名 風（p.232 例文 211）

▶ a windy night（風の強い夜）

84
weather
ウェザァ 発
[wéðər]

名 天気

▶ good weather（好天気）

▶ bad weather（悪天候）

▶ weather report（天気予報）

文法Check! 4 規則動詞の過去形

動詞は，過去形や過去分詞のつくり方により，**規則動詞**と**不規則動詞**に分けられます。規則動詞は，ふつう動詞の語尾に**ed**［**d**］をつけます。repairは規則動詞なので，edをつけて過去形「**修理した**」を表しています。

例文 **20**

Mom and I went to the restaurant behind my junior high school.

お母さんと私は，私の中学校の後ろにあるレストランに行った。

85 **mom** マム [mɑm]

名 お母さん

- 複数 moms [-z]
- 同 mother（母）（p.216 例文 **195**）
- 反 dad（お父さん）（p.145 例文 **130**）

86 **restaurant** レストゥラントゥ つ 発 [réstərənt]

名 レストラン

- 複数 restaurants [-rənts]
- ▶ an expensive restaurant（高価なレストラン）
- ▶ a fast-food restaurant（ファストフード・レストラン）

87 **behind** ビハインドゥ [biháind]

前 ～の後ろに

- 反 in front of ～（～の前に）（p.170 例文 **150**）

88 **junior high school** ジュニァ ハイ スクーゥ

名 中学校

- cf.➡ high school（高校）（p.185 例文 **165**）

文法Check! 5 不規則動詞の過去形

規則動詞に対し，**不規則動詞**は過去形や過去分詞の形そのものが変わってきます。例文のwent（goの過去形）のように，よく使われる動詞は不規則に変化する傾向があるので，不規則動詞変化表を何度も音読して，口で覚えてしまいましょう。

例文 21

06

The pretty girl went on a trip to Singapore two years ago.

そのかわいい女の子は，2年前にシンガポールに旅行に行きました。

89 **pretty**《プリティ》
[príti]

形 かわいい

比較 pretty - prettier - prettiest [-ist]

同 cute（p.12 例文1）

90 **girl**《ガーゥ》
[gəːrl]

名 女の子

複数 girls [-z]

反 boy（男の子）（p.102 例文87）

91 **trip**《トリップ》
[trip]

名 旅行

複数 trips [-s]

同 journey

tour（p.66 例文55）

travel（p.266 例文241）

92 **go**《ゴゥ》 **on**《オン》 **a**《ア》 **trip**《トリップ》

熟 旅行に出かける

93 **Singapore**《スィンガポー》
[síŋ(g)əpɔːr]

名 シンガポール

94 **two**《トゥー》
[tuː]

名 2，2人

形 2の，2人の

95 **ago**《アゴゥ》
[əgóu]

副 （今から）～前に

cf. long ago 熟 昔（p.228 例文207）

a long time ago 熟 ずっと昔に（p.306 例文281）

例文 22

At last he spoke slowly in English.

ついに，彼は英語でゆっくりと話した。

96 **at last**
アットゥ ラストゥ

熟 ついに，とうとう
- 同 finally（p.217 例文196）
- cf.➡ last（最後の）（p.77 例文66）

97 **speak**
スピーク
[spiːk]

動 ～を話す，話す
- 活用 speak - spoke - spoken《スポウクン》
- 3単現 speaks [-s]
- ▶speak good German（見事なドイツ語を話す）

98 **slowly**
スロウリ
[slóuli]

副 ゆっくりと
- 比較 slowly - more slowly - most slowly
- 反 quickly（すばやく）（p.27 例文16）
  fast（速く）（p.34 例文23）
- ▶slow《スロゥ》 形 （速度が）遅い

99 **English**
イングリッシュ
[íŋgliʃ]

名 英語
- ▶broken English（片言《かたこと》の英語）
- ▶learn English（英語を学習する）
- ▶understand English（英語を理解する）

形 イングランドの，イングランド人の
- ▶English history（英国史）
- cf.➡ England 名 イングランド（p.235 例文214）

例文 23

Because of the south wind, the large cloud is moving fast in the sky.

南風のために，空で大きな雲が速く動いている。

100 **south**
サウス 発
[sauθ]

形 南（から）の

名 南

反 north（北）（p.234 例文 213）

▶southern《[サザーン]》 形 南の

101 **large**
ラーヂ
[lɑːrdʒ]

形 大きい，広い

比較 large - larger - largest [-ist]

同 big（p.163 例文 147）

反 small（小さい）（p.19 例文 8）

102 **cloud**
クラウドゥ 発
[klaud]

名 雲

複数 clouds [klaudz]

▶cloudy《[クラウディ]》 形 曇《くも》った

103 **fast**
ファストゥ
[fæst]

副 速く

形 速い

比較 fast - faster - fastest [-ist]

プラス

fast *vs.* quick
fastは動きや移動が「速い」，quickは動作・行為が「すばやい」。

104 **sky**
スカィ
[skai]

名 空

複数 skies [-z]

▶a blue sky（青空）

例文 24

The rich woman paid a lot of money for the table.

そのお金持ちの女性は，そのテーブルに多額のお金を払った。

105 **rich**《リッチ》 [ritʃ]

形 金持ちの，豊かな

比較 rich - richer - richest [-ist]

反 poor（貧しい）（p.239 例文 218）

▶a rich country（裕福な国）

106 **pay**《ペイ》 [pei]

動 払う，支払う

活用 pay - paid - paid

3単現 pays [-z]

名 給料

107 **pay**《ペイ》 **for**《フォー》 **~**

熟 ~の代金を払う

108 **lot**《ラットゥ》 [lɑt]

名 たくさん

複数 lots [lɑts]

109 **a**《ア》 **lot**《ラットゥ》 **of**《オヴ》 **~**

熟 たくさんの~

同 many（多数の）（p.103 例文 88）

much（多量の）（p.94 例文 79）

110 **table**《テイブゥ》 [téibl]

名 テーブル

複数 tables [-z]

▶a table fork（食卓用フォーク）

07

例文 25

I joined a treasure hunt every Sunday.

私は，毎週日曜日に，宝探《さが》しに加わった。

111 **join**
ヂョイン
[dʒɔin]

動 ～に加わる，～に参加する

活用 join - joined [-d] - joined

3単現 joins [-z]

112 **treasure**
トレジャー
[tréʒər]

名 宝物，貴重品

複数 treasures [-z]

▶ national treasures（国宝）

113 **hunt**
ハントゥ
[hʌnt]

名 狩り，探すこと

複数 hunts [hʌnts]

動 ～を狩る，～を探す

活用 hunt - hunted [-id] - hunted

3単現 hunts [hʌnts]

▶ hunter 名 狩りをする人，ハンター

▶ hunt deer（鹿狩りをする）

114 **every**
エヴリ
[évri]

形 すべての，毎～

115 **Sunday**
サンデイ
[sʌ́ndei]

名 日曜日

複数 Sundays [-z]

▶ Sun.〔短縮〕

例文 26

Table tennis is one of the popular sports in elementary school.

卓球は，小学校で人気のあるスポーツのひとつである。

116 table《テイブゥ》 tennis《テニス》

名 卓球

同 ping-pong（ピンポン）

117 popular《パピュラァ》

[pápjələr]

形 人気のある

比較 popular - more popular - most popular

▶ a popular novel（人気のある小説）

▶ She is a popular singer.
（彼女は人気のある歌手です）

118 sport《スポートゥ》

[spɔːrt]

名 スポーツ

複数 sports [-ts]

119 elementary《エリメンタリ》 つ 発

[eliméntəri]

形 初歩の

反 advanced（上級の）

120 elementary《エリメンタリ》 school《スクーゥ》

名 小学校

複数 elementary schools [-z]

例文 27

The national park is on the left side of the street.

国立公園は道の左側にある。

121 **national**
ナシュヌゥ
[næʃənəl]

形 国家の，国民の，全国的な

cf.→ nation 名 国家，国民（p.180 例文 160）

▶ a national flower（国花）

▶ a national newspaper（全国紙）

▶ a national hero（国民的英雄）

122 **park**
パーク
[pɑːrk]

名 公園，駐車場

複数 parks [-s]

▶ an amusement park（遊園地）

動 ～を駐車する

活用 park - parked [-t] - parked

3単現 parks [-s]

123 **left**
レフトゥ
[left]

形 左の 副 左へ

名 左

反 right（右）（p.262 例文 237）

▶ on your left 熟 左側に

▶ the left shoulder（左の肩）

124 **side**
サイドゥ
[said]

名 側《がわ》，側面

複数 sides [saidz]

▶ a blind side（見えない側，弱点）

▶ look on the bright side of things
（物事の明るい面を見る）

例文 28

My brother chose his bicycle carefully.

私の兄［弟］は，自転車を注意深く選んだ。

125 **brother**
ブラザァ
[brʌ́ðər]

名 兄，弟

- 複数 brothers [-z]
- 反 sister（姉，妹）（p.23 例文12）
- ▶ an older[elder / big] brother（兄）
- ▶ a younger brother（弟）

126 **choose**
チューズ
[tʃuːz]

動 ～を選ぶ，～を選択する

- 活用 choose - chose《チョウズ》 - chosen《チョウズン》
- 3単現 chooses [-iz]
- 同 select（p.230 例文209）
  pick（p.256 例文231）
- cf.→ choice 名 選択（p.199 例文178）
- ▶ choose my priority（優先順位を決める）
- ▶ choose a winner（勝者を選ぶ）

127 **bicycle**
バイスィクゥ
[báisikl]

名 自転車

- 複数 bicycles [-z]
- 同 bike（p.56 例文45）
- ▶ ride a bicycle（自転車に乗る）
- ▶ a bicycle chain（自転車のチェーン）
- ▶ a bicycle helmet（自転車のヘルメット）

128 **carefully**
ケァフリ
[kéərfəri]

副 注意深く

- 反 carelessly（不注意にも）
- ▶ careful 形 注意深い
- ▶ be careful about ～ 熟 ～に注意する

08

例文 29

The staff is waiting for the judge.

職員は裁判官を待っている。

129 **staff**《スタッフ》
[stæf]

名 職員

▶ increase the staff（職員を増やす）

130 **wait**《ウェイトゥ》
[weit]

動 待つ

・活用 wait - waited [-id] - waited

・3単現 waits [weits]

131 **wait for ～**《ウェイトゥ フォー》

熟 ～を待つ

132 **judge**《ヂャッヂ》
[dʒʌdʒ]

名 裁判官，判事

・複数 judges [-iz]

▶ a wise judge（賢明な裁判官）

▶ an assistant judge（判事補）

動 判断する，評価する

・活用 judge - judged [-d] - judged

・3単現 judges [-iz]

文法Check! 6 現在進行形

「（いま）～している」と，進行している動作を〈**be動詞＋動詞のing形**〉で表します。knowやbelieveなど状態を表す動詞は原則，進行形にできません。

be動詞が現在形（is，am）なら現在進行形，過去形なら過去進行形「（そのとき）～していた 文法➡ p.97 13」となります。

例文 30

He is still walking through the crowd.

彼は群衆の間をまだ歩いている。

133 **still**
スティゥ
[stil]

副 なお，まだ

形 静かな

比較 still - stiller - stillest [-ist]

134 **walk**
ウオーク
[wɔːk]

動 歩く

活用 walk - walked [-t] - walked

3単現 walks [-s]

▶ walk around 熟 歩き回る

▶ walk in 熟 中に入る

▶ walk out 熟 急に出ていく

135 **through**
スルー 発
[θruː]

前 ～を通り抜けて

▶ go through a door（ドアを通って行く）

▶ through introduction（紹介を通じて）

136 **crowd**
クラウドゥ
[kraud]

名 群衆

複数 crowds [kraudz]

▶ a large crowd（大群衆）

▶ handle the crowds（群衆を整理する）

例文 31

He cut his finger with a knife.

彼はナイフで指を切った。

137
cut
カットゥ
[kʌt]

動 ～を切る

活用 cut - cut - cut

3単現 cuts [kʌts]

▶ cut an apple in two（リンゴを２つに切る）

138
finger
フィンガァ
[fíŋgər]

名 （手の）指

複数 fingers [-z]

プラス
足の指はtoe《[トゥ]》。

139
a
ア
[ə]

冠 １つの（たいていは訳さない），～につき

同 an（p.193 例文 172）

▶ I have four English classes a week.
（私は１週間につき４時間英語の授業がある）

プラス
あとにくる名詞が母音の発音で始まる場合は，anを使う。

140
knife
ナイフ 発 の
[naif]

名 ナイフ

複数 knives《[ナイヴズ]》 [naivz] の

▶ a kitchen knife（包丁）

プラス
f，feで終わる名詞の複数形は，f，feをvにかえてesをつける。
knife → knives
leaf → leaves（p.232 例文 211）
wife → wives（p.310 例文 285）
（例外）roof → roofs（p.30 例文 19）

例文 32

I have a meeting about the environment at noon.

私は正午に，環境についての会議がある。

141 □ **meeting**
ミーティング
[míːtiŋ]

名 会，会議

複数 meetings [-z]

▶ open a meeting（会を開く）

▶ have a regular meeting（例会がある）

142 □ **environment**
インヴァイランメントゥ
[inváiərənmənt]

名 環境

▶ environmental《[インヴァイランメンタゥ]》 形 環境の

▶ a safe environment（安全な環境）

▶ a healthy environment（健全な環境）

143 □ **noon**
ヌーン
[nuːn]

名 正午，真昼

反 midnight（真夜中，夜の12時）

プラス

morning, noon, afternoon
morningは午前中を指し，afternoonは正午から6時，もしくは日没までの時間帯をいう。一方，noonは昼の12時を指している。

144 □ **at noon**
アットゥ　ヌーン

熟 正午に

09

例文 33

The car hit the front gate of our factory.

その車は，私たちの工場の正門にぶつかった。

145 **hit**
ヒットゥ
[hit]

動 ～にぶつかる，～を打つ

活用 hit - hit - hit

3単現 hits [hits]

▶ hit me on the head（私の頭をたたく）

▶ A heavy storm hit the city.
（激しい嵐がその都市を襲った）

146 **front**
フラントゥ
[frʌnt]

形 前の，正面の

反 back（奥の）（p.177 例文157）

▶ the front garden（前庭）

名 前部，前面

複数 fronts [-ts]

cf.→ in front of ～ 熟 ～の前に
（p.170 例文150）

▶ the front of the school（校舎の正面）

147 **gate**
ゲイトゥ
[geit]

名 門

複数 gates [geits]

▶ open a gate（門を開ける）

148 **factory**
ファクタリ
[fǽktəri]

名 工場

複数 factories [-z]

▶ close a factory（工場を閉鎖する）

▶ a car factory（自動車工場）

▶ a jeans factory（ジーンズ工場）

▶ a factory manager（工場長）

例文 34

Wet snow is falling now.

湿った雪が，今降っている。

149 □ **wet**
ウェットゥ
[wet]

形 湿った，ぬれた

- 比較 wet - wetter - wettest [-ist]
- 反 dry（乾いた）
- ▶a wet shirt（ぬれたシャツ）

150 □ **snow**
スノゥ
[snou]

名 雪

- ▶powdery snow（粉雪）
- ▶go out to play in the snow
（雪遊びに出かける）

動 雪が降る

- 活用 snow - snowed [-d] - snowed
- 3単現 snows [-z]
- ▶snowy 形 雪の降る

151 □ **fall**
フォーゥ
[fɔːl]

動 降る，落ちる

- 活用 fall - fell《フェゥ》 - fallen《フォールン》
- 3単現 falls [-z]
- ▶fall down 熟 落ちる，倒れる

名 秋，落下

- 複数 falls [-z]
- 同 autumn《オータム》 発

152 □ **now**
ナウ
[nau]

副 今（は）

名 現在，今

- ▶from now on 熟 これからずっと

例文 35

He is wearing a T-shirt, pants and shoes.

彼はTシャツとズボン，靴をはいている。

153
wear
ウェア
[weər]

動 ～を身につけている，～を着ている

活用 wear - wore - worn《ウォーン》

3単現 wears [-z]

▶ wear glasses（めがねをかけている）

▶ wear a seat belt（シートベルトをしている）

プラス

wearが「身につけている」という状態を表すのに対し，put onは「身につける」という動作を表す。（p.102 例文 87）

154
T-shirt
ティーシャートゥ
[tíːʃəːrt]

名 Tシャツ

複数 T-shirts [-ʃəːrts]

155
pants
パンツ
[pænts]

名 ズボン

▶ a pair of pants（ズボン１本）

156
shoe
シュー
[ʃuː]

名 靴

複数 shoes [-z]

▶ a pair of shoes（靴一足）

▶ tie my shoes（靴のひもを結ぶ）

例文 36

Actually, I am angry with you, too.

実際，私もあなたに怒っているんだよ。

157 **actually**
アクチュアリ
[ǽktʃuəli]

副 実際に（は）

158 **am**
アム
[æm]

動 ～である，ある，いる
（beの1人称・単数・現在形）
cf.➡ p.13 be動詞の活用

159 **angry**
アングリ
[ǽŋgri]

形 怒って，腹を立てて
比較 angry - angrier - angriest [-ist]
▶ get angry 熟 怒る
▶ get angry to *do* 熟 ～して怒る
▶ anger《アンガァ》 名 怒り

160 **be angry with ～**
ビ　アングリ　ウィズ

熟 ～に腹を立てている

161 **too**
トゥー
[tuː]

副 ～も（また），あまりに～すぎる
cf.➡ too ... to *do* 熟 …すぎて～できない
（p.315 例文 290）
▶ "I'm hungry." "Me, too."
（おなかがすいた。— 私もです）

例文 37

10

Please wrap this cup in soft paper.

やわらかい紙で，このカップを包んでください。

162 **please**
プリーズ
[pli:z]

副 (命令文で) どうぞ，(疑問文で) どうか

▶ Will you please open the door?
(どうかドアを開けていただけませんか)

163 **wrap**
ラップ 発
[ræp]

動 ～を包む

活用 wrap - wrapped [-t] - wrapped

3単現 wraps [-s]

▶ wrap a blanket around my body
(毛布で体を包む)

164 **cup**
カップ
[kʌp]

名 カップ

複数 cups [-s]

▶ a cup of ～ 熟 カップ1杯の～

165 **soft**
ソーフトゥ
[sɔ:ft]

形 柔らかい

比較 soft - softer - softest [-ist]

反 hard (硬い) (p.265 例文 240)

▶ a soft pillow (柔らかいまくら)

166 **paper**
ペイパァ
[péipər]

名 紙，新聞，書類

複数 papers [-z]

▶ recycled paper (再生紙)

▶ a daily paper (日刊紙)

▶ a piece of paper (紙切れ1枚)

例文 38

Don't forget your cap and uniform for tonight's softball match.

今晩のソフトボールの試合のために，帽子とユニフォームを忘れないでね。

167
cap
キャップ
[kæp]

名 (縁のない) 帽子

複数 caps [-s]

▶ a baseball cap (野球帽)

▶ wear a cap (帽子をかぶっている)

プラス

ふつう縁のある帽子はhatという。(p.73 例文62)

168
uniform
ユーニフォーム ア
[júːnifɔːrm]

名 制服，ユニフォーム

複数 uniforms [-z]

▶ a school uniform (学校の制服)

169
softball
ソーフトゥボーゥ ア
[sɔ́ːftbɔːl]

名 ソフトボール，
ソフトボール用のボール

複数 softballs [-z]

▶ Let's play softball after school.
(放課後ソフトボールをしましょう)

文法Check! 7 命令文

動詞の原形(元の形)を文の最初におくと，「**〜しなさい**」という**命令文**になります。例文37のように**Please**をつければ，「**〜してください**」というていねいな命令文になり，例文38のように**Don't**をつけると，「**〜してはいけない**」という命令文の否定になります。

例文 39

Let's look up new words in the dictionary!

文法➡ p.49 7

辞書で新出語を調べよう!

170 **Let's**《レッツ》 **～ .**

[lets]

熟 ～しよう(Let'sはLet usの短縮形)

プラス
〈Let's＋動詞の原形～ .〉は相手を誘うときに使う命令文。同意するときはYes,let's., All right., O.K., 同意しないときはNo,let's not.のように答える。

171 **look**《ルック》 **up**《アップ》 **～**

熟 ～を調べる, ～を見上げる

cf.➡ look 動 見る(p.145 例文130)

172 **word**《ワードゥ》

[wəːrd]

名 単語, ことば

複数 words [wəːrds]

▶ What does this word mean?
(この単語はどういう意味ですか)

173 **dictionary**《ディクショネリ》

[díkʃəneri]

名 辞書

複数 dictionaries [-z]

▶ a Japanese-English dictionary(和英辞書)

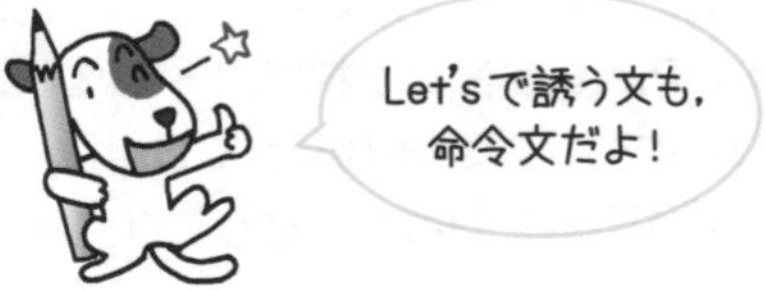

例文 40

The 3Rs of reduce, reuse and recycle are popular in Germany.

減らす，再使用する，再利用するの3Rは，ドイツでは一般的である。

174 **reduce**
リデュース
[ridjú:s]

動 減じる，減らす

・活用 reduce - reduced [-t] - reduced

・3単現 reduces [-iz]

175 **reuse**
リーユーズ
[ri:jú:z]

動 再使用する

・活用 reuse - reused - reused [-d]

・3単現 reuses [-iz]

名 再使用 [ri:jú:s]《[リーユース]》 発

176 **recycle**
リーサイクゥ
[ri:sáikl]

動 再利用［再処理］する

・活用 recycle - recycled - recycles [-d]

・3単現 recycles [-z]

▶ recycling《[リーサイクリング]》 名 再生，再利用

177 **Germany**
ヂャーマニ
[dʒə́:rməni]

名 ドイツ

▶ German《[ヂャーマン]》 名 ドイツ語［人］
形 ドイツ（人）の

プラス

英語の公式名はthe Federal Republic of Germany（ドイツ連邦共和国）。首都はベルリン（Berlin），公用語はドイツ語。工業が盛んだが，環境保護先進国として知られている。

11

例文 41

He laughed at funny stories from all over the world.

彼は，世界中から集まったおもしろい話に笑った。

178 **laugh**《ラフ》
[læf]

動 笑う

活用 laugh - laughed [-t] - laughed

3単現 laughs [-s]

プラス

laugh *vs.* smile
laughは「笑う」の一般的な語で，「声を立てて笑う」こと。一方，smileは声を立てずに「にっこりと笑う」という意味。

179 **laugh**《ラフ》 **at**《アットゥ》 **～**

熟 ～を笑う

180 **funny**《ファニ》
[fʌ́ni]

形 おかしい，おもしろい

比較 funny - funnier - funniest

cf. fun 名 楽しみ（p.289 例文264）

181 **story**《ストーリ》
[stɔ́:ri]

名 話，物語

複数 stories [-z]

▶ an exciting story（わくわくする話）

▶ a sad story（悲しい話）

182 **world**《ワールドゥ》
[wə́:*r*ld]

名 世界

複数 worlds [wə́:*r*ldz]

▶ world history（世界史）

183 **all**《オーゥ》 **over**《オウヴァ》 **the**《ザ》 **world**《ワールドゥ》

熟 世界中で

例文 42

That British guitar band produces a new album every year.

あのイギリスのギターバンドは，毎年ニューアルバムを製作する。

184 □ **British**
ブリティッシュ
[brítiʃ]

形 イギリス［英国］の

名 (theをつけて) イギリス［英国］人

cf.➡ UK（連合王国）（p.278 例文 253）

185 □ **guitar**
ギター
[gitáːr]

名 ギター

複数 guitars [-z]

▶ an electric guitar（エレキギター）

186 □ **band**
バンドゥ
[bænd]

名 バンド，楽団

複数 bands [bændz]

▶ a brass band（ブラスバンド）

▶ a jazz band（ジャズバンド）

187 □ **produce**
プロデュース
[prədjúːs]

動 ～を産み出す，～を製作する

活用 produce - produced [-t] - produced

3単現 produces [-iz]

▶ produce excellent player
（優秀な選手を産み出す）

188 □ **album**
アゥバム
[ǽlbəm]

名 アルバム

複数 albums [-z]

▶ a photo album（写真アルバム）

例文 43

My grandma is famous for her warm heart.

私のおばあちゃんは，温かい気持ちで有名である。

189
grandma
グラン（ドゥ）マー
[grǽndmɑː]

名 おばあちゃん

- 複数 grandmas [-z]
- 同 grandmother（祖母）（p.187 例文 167）
- 反 grandpa（おじいちゃん）（p.230 例文 209）

190
be famous for ～
ビ　フェイマス　フォー

熟 ～で有名である

- cf. famous（有名な）（p.22 例文 11）
- ▶ be famous as ～ 熟 ～として有名である

191
warm
ウオーム 発
[wɔːrm]

形 暖かい，心の温かい

- 比較 warm - warmer - warmest [-ist]
- 反 cool（冷たい）（p.219 例文 198）
- ▶ warm soup（温かいスープ）

192
heart
ハートゥ つ
[hɑːrt]

名 気持ち，心臓

- 複数 hearts [hɑːrts]
- ▶ a broken heart（〔恋愛などで〕悲嘆にくれた心）
- ▶ have a weak heart（心臓が丈夫でない）

＋プラス

heart vs. mind
heartは「感情の宿る心」という意味であるのに対して，mindは「心」を表す一般的な語で，思考や記憶などの能力を意味することが多い。

例文 44

He arrived at the library at nine o'clock in the morning.

彼は朝の9時に図書館に着いた。

193 **arrive**《アライヴ》 [əráiv]

動 到着する

- 活用 arrive - arrived [-d] - arrived
- 3単現 arrives [-z]
- 反 leave（出発する）（p.212 例文 191）
  depart（出発する）

194 **arrive at ～**

arrive《アライヴ》 at《アットゥ》

熟 ～に到着する

- 同 get to ～（～に到着する）（p.285 例文 260）
  reach（～に到着する）（p.171 例文 151）
- 反 leave for ～（～を出発する）（p.212 例文 191）

195 **library**《ライブレリ》 [láibreri]

名 図書館

- 複数 libraries [-z]
- ▶a public library（公立図書館）
- ▶a library card（図書館カード）

196 **nine**《ナイン》 [nain]

名 9，9人

形 9の，9人の

197 **morning**《モーニング》 [mɔ́ːrniŋ]

名 朝

- 複数 mornings [-z]

198 **in the morning**

in《イン》 the《ザ》 morning《モーニング》

熟 朝に

12

例文 45

He is riding his bike at full speed.

彼は最高速度で自転車に乗っている。

199 **ride** ライドゥ [raid]

動 ～に乗る

活用 ride - rode《ロウドゥ》 - ridden《リドゥン》

3単現 rides [raidz]

200 **bike** バイク [baik]

名 自転車

複数 bikes [-s]

同 bicycle（p.39 例文 28）

201 **full** フウ [ful]

形 いっぱいの

活用 full - fuller - fullest [-ist]

▶ a full glass（いっぱい入ったコップ）

▶ a classroom full of students
（生徒でいっぱいの教室）

cf.➡ be full of ～ 熟 ～でいっぱいである
（p.273 例文 248）

202 **speed** スピードゥ [spi:d]

名 スピード

複数 speeds [spi:dz]

203 **at full speed** アットゥ フウ スピードゥ

熟 最高速度で

例文 46

I reported the situation to my teacher on the phone.

私は状況を，先生に電話で報告した。

204 **report**
リポートゥ
[ripɔ́ːrt]

動 ～を報告する
- 活用 report - reported [-id] - reported
- 3単現 reports [-pɔ́ːrts]

名 報告，報道
- 複数 reports [-pɔ́ːrts]

205 **situation**
スィチュエイション
[sitʃuéiʃən]

名 状況，立場，事態
- 複数 situations [-z]
- ▶accept a situation（立場を受け入れる）

206 **teacher**
ティーチャ
[tíːtʃər]

名 先生
- 複数 teachers [-z]
- ▶a strict teacher（厳格な先生）

207 **phone**
フォウン
[foun]

名 電話
- 複数 phones [-z]
- 同 telephone（p.216 例文 195）
- cf.→ cell phone（携帯電話）（p.217 例文 196）
- ▶a phone number（電話番号）
- ▶answer the phone（電話に出る）
- ▶hang up the phone（電話を切る）

208 **on the phone**
オン ザ フォウン

熟 電話で

例文 47

You can connect this radio to the speaker easily.

このラジオを，そのスピーカーに簡単につなげられます。

209 □ **connect**《カネクトゥ》 [kənékt]

動 ～をつなぐ

活用 connect - connected [-id] - connected

3単現 connects [-ts]

▶ Connect these two ropes.
（この２本のロープをつなげなさい）

210 □ **connect**《カネクトゥ》 **~ to**《トゥ》**...**

熟 ～を…とつなぐ

211 □ **radio**《レイディオゥ》 発 [réidiou]

名 ラジオ

複数 radios [-z]

▶ turn on [off] a radio（ラジオをつける〔消す〕）

212 □ **speaker**《スピーカァ》 [spíːkər]

名 スピーカー，拡声器
スピーチをする人，講演者，

複数 speakers [-z]

cf.→ speak 動 話す（p.33 例文 22）

▶ He is a good speaker.
（彼は話をする［講演する］のが上手です）

213 □ **easily**《イーズィリ》 [íːzili]

副 簡単に，楽々と

比較 easily - more easily - most easily

cf.→ easy 形 簡単な（p.256 例文 231）

▶ The boy jumped over the fence easily.
（その少年は楽々と塀を飛びこえた）

例文 48

Where can I buy plastic garbage bags?

どこでビニールのごみ袋を買うことができますか？

214 **where**
(フ)ウェア
[*h*weə*r*]

副 どこへ，どこに
▶ Where do you live?
（あなたはどこに住んでいるのですか）

215 **plastic**
プラスティク
[plǽstik]

形 プラスチック［ビニール］製の
名 プラスチック
複数 plastics [-s]

216 **garbage**
ガービヂ
[gáː*r*bidʒ]

名 ごみ，生ごみ
cf.➡ trash（〔紙くずなどの〕ごみ）（p.239 例文218）
▶ a garbage can（ごみ入れ，ごみバケツ）

217 **bag**
バッグ
[bæg]

名 かばん，袋
複数 bags [-z]
▶ a paper bag（紙袋）
▶ a shopping bag（買い物袋）

文法Check! 8 助動詞can

助動詞は**動詞の意味を広げる**役割を持っており，後ろの動詞は主語が何かに関わらず必ず**原形**です。canは「**〜することができる**」「**〜してもよい**」という意味で，**can connect**は「つなげることができる」，**can buy**は「買うことができる」となります。疑問文では助動詞は文頭におき，否定文ではcannot（can't）にします。

例文 49

13

Thanks to you, we enjoyed a safe holiday.

あなたのおかげで，私たちは安全な休日を楽しみました。

218 **thanks《サンクス》 to《トゥ》 ～**

熟 ～のおかげで

219 **enjoy《インジョイ》**
[indʒɔ́i]

動 ～を楽しむ

活用 enjoy - enjoyed [-d] - enjoyed

3単現 enjoys [-z]

▶ enjoy ～ing 熟（～して楽しむ）

▶ Enjoy yourself!（楽しんでね！）

220 **safe《セイフ》**
[seif]

形 安全な

比較 safe - safer - safest [-ist]

反 dangerous（危険な）（p.154 例文 138）

cf. safety 名 安全（p.197 例文 176）

▶ safely 副 安全に

221 **holiday《ハレディ》**
[hɑ́lədei]

名 休日，休暇《きゅうか》

複数 holidays [-z]

同 vacation（休暇）（p.20 例文 9）

▶ during school holidays（学校の休みの間に）

例文 50

The king is holding a gold plate in his hands.

王は金色の皿を手に持っている。

222 □ **king**
キング
[kiŋ]

名 王

複数 kings [-z]

反 queen（女王）

223 □ **hold**
ホウゥドゥ
[hould]

動 ～を持つ，持ちこたえる

活用 hold - held《ヘゥドゥ》 - held

3単現 holds [houldz]

▶ Hold on a minute.（〔電話で〕少々お待ちください）

▶ hold the championship belt
（チャンピオンベルトを持つ）

224 □ **gold**
ゴウゥドゥ
[gould]

形 金《きん》の，金色の

同 golden《ゴウゥドゥン》 形 金の

▶ a gold medal（金メダル）

名 金

225 □ **plate**
プレイトゥ
[pleit]

名 皿

複数 plates [pleits]

同 dish

▶ an empty plate（空になった皿）

226 □ **hand**
ハンドゥ
[hænd]

名 手

複数 hands [hændz]

▶ by hand 熟 手で

▶ on the other hand 熟 また一方では

例文 51

The number of members in our ski team is increasing every year.

私たちのスキーチームのメンバーの数は，毎年増加している。

227 □ **number**《ナンバァ》
[nʌ́mbər]

名 **数，番号**

複数 numbers [-z]

▶a great number of ～ 熟 多数の～

▶a high number（大きい数）

228 □ **the number of ～**《ザ ナンバァ オヴ》

熟 **～の数**

229 □ **ski**《スキー》
[skiː]

名 **スキー板，**（形容詞的に）**スキーの**

動 **スキーをする**

複数 skis [-z]

▶go skiing（スキーに行く）

プラス
skiはスキーの板を指す。競技名を表すスキーはskiing。

230 □ **increase**《インクリース》 発
[inkríːs]

動 **増加する**

活用 increase - increased [-t] - increased

3単現 increases [-iz]

cf. decrease（減少する）（p.318 例文 293）

名 **増加** 複数 increases [-iz]

231 □ **year**《イァ》
[jiər]

名 **年** 複数 years [-z]

cf. month（月）（p.264 例文 239）
week（週）（p.85 例文 74）

例文 52

A science fiction writer owns this bookstore.

あるSF作家がこの書店を所有している。

232 □ **science**
サイエンス
[sáiəns]

名 科学

複数 sciences [-iz]

cf.➡ scientist 名 科学者（p.204 例文 183）

▶ natural science（自然科学）

233 □ **fiction**
フィクション
[fíkʃən]

名 フィクション，小説

複数 fictions [-z]

反 nonfiction（ノンフィクション，事実に基づいた作品）

▶ popular fiction（大衆小説）

234 □ **writer**
ウライタァ 発
[ráitər]

名 作家

複数 writers [-z]

cf.➡ write 動 書く（p.272 例文 247）

235 □ **own**
オウン 発
[oun]

動 ～を所有する

活用 own - owned [-d] - owned

3単現 owns [-z]

cf.➡ owner 名 持ち主（p.325 例文 300）

形 自分自身の

▶ my own computer（私自身のコンピューター）

236 □ **bookstore**
ブックストーァ
[búkstɔːr]

名 書店

複数 bookstores [-z]

14

例文 53

We researched the difference between a supermarket and a convenience store.

私たちはスーパーとコンビニの違いを調査した。

237 **research**
リサーチ
[risə́:rtʃ]

動 ～を調査する
活用 research - researched [-d] - researched
3単現 researches [-iz]

名 研究
複数 researches [-iz]

238 **difference**
ディファレンス
[dífərəns]

名 違い, 相違点
複数 differences [-iz]
cf.→ different 形 違った（p.113 例文 98）

239 **supermarket**
スーパァマーキットゥ
[sú:pərmɑ:rkit]

名 スーパーマーケット
複数 supermarkets [-ts]
cf.→ market（市場）（p.23 例文 12）

240 **convenience**
コンヴィーニエンス
[kənví:niəns]

名 便利（さ）, 好都合
▶convenient 形 便利な

241 **convenience store**
コンヴィーニエンス ストーァ

名 コンビニエンスストアー
複数 convinience stores [-z]

例文 54

The clever man improved the design of the dining room.

その頭のよい男性が，ダイニングルームのデザインを改善した。

242 **clever**
クレヴァ
[klévər]

形 利口な，かしこい，頭のよい

比較 clever - cleverer - cleverest [-ist]

反 dull（鈍《にぶ》い）

cf. smart（利口な）（p.220 例文 199）
wise（賢い）（p.311 例文 286）

プラス
clever，smart，wiseはいずれも頭の良さを意味するが，clever，smartが単に頭の回転の速さを表すのに対し，wiseは知識・経験が豊かで正しい判断力を持つことを表す。

243 **improve**
インプルーヴ
[imprúːv]

動 ～を改善する，～を改良する

活用 improve - improved [-d] - improved

3単現 improves [-z]

▶ improve your condition（体調を改善する）

244 **design**
ディザイン
[dizáin]

動 ～を設計する

活用 design - designed [-d] - designed

3単現 designs [-z]

▶ design a house（家を設計する）

名 デザイン，設計

複数 designs [-z]

245 **dining room**
ダイニング ルーム
[dáiniŋ ruːm]

名 食堂

複数 dining rooms [-z]

例文 55

I saw a wild koala on my tour of Australia.

私はオーストラリアの旅行中に，野生のコアラを見た。

246 □ **wild**
ワイゥドゥ
[waild]

形 野生の

比較 wild - wilder - wildest [-ist]

▶ wild animal（野生動物）

▶ wild plants（野生植物）

▶ a wild bear（野生のクマ）

247 □ **koala**
コウアーラァ
[kouáːlə]

名 コアラ

複数 koalas [-z]

248 □ **tour**
トゥア
[tuər]

名 旅行，ツアー

複数 tours [-z]

同 journey
trip（p.32 例文 21）
travel（p.266 例文 241）

▶ a tour around the world（世界一周旅行）

▶ an official tour（公的な旅）

249 □ **Australia**
オーストレイリァ
[ɔːstréiliə]

名 オーストラリア

▶ Australian　形 オーストラリア（人）の
　　　　　　　名 オーストラリア人

プラス

英語の正式名称は，Commonwealth of Australia（オーストラリア連邦）。オーストラリア大陸とタスマニア島及び，その他の小さな島で構成される。首都はキャンベラ（Canberra），公用語は英語。

例文 56

"Whose notebook is this?" "It's mine."

「これはだれのノートですか?」「私のです」

250
whose
フーズ
[huːz]

代 だれの,(関係名詞節で)その…が〜である(人・もの・こと)

251
notebook
ノウトゥブック
[nóutbuk]

名 ノート

複数 notebooks [-s]

▶note 名 メモ,覚え書き

▶notebook computer(ノート型パソコン)

252
it
イットゥ
[it]

代 それは[が]

253
mine
マイン
[main]

代 私のもの

▶a friend of mine(私の友人の1人)

文法Check! 9 所有格,所有代名詞

名詞の前にmy(私の)やhis(彼の),her(彼女の)をおいて,「**〜の**」と**だれが所有しているか**を表します。これを**所有格**と呼びます。例文のwhoseは疑問詞whoの所有格で,「だれの(ノート)」という意味です。また,mine(私のもの)やyours(あなたのもの)のように,1語で「**だれのもの**」を表す語を**所有代名詞**と呼びます。例文56のmineはmy notebookのことで,notebookのくりかえしを避けて所有代名詞を使っています。

15

例文 57

The architect has perfect knowledge of solar energy.

その建築家は，太陽エネルギーの完全な知識を持っている。

254
architect
アーキテクトゥ 発
[ɑ́ːrkitekt]

名 建築家

複数 architects [-tekts]

255
perfect
パーフィクトゥ
[pə́ːrfikt]

形 完全な

▶ a perfect game（完全試合）

▶ a perfect place for a picnic
（ピクニックにうってつけの場所）

256
solar
ソウラァ
[sóulər]

形 太陽の

▶ solar energy（太陽エネルギー）

257
energy
エナヂィ
[énərdʒi]

名 エネルギー，活気

複数 energies [-z]

▶ atomic energy（原子力）

▶ She is full of energy.
（彼女は活気に満ちている）

例文 58

Is the branch office near the Olympic stadium?

支社はオリンピックスタジアムのそばにあるのですか？

258 **branch**
ブランチ
[bræntʃ]

名 枝

複数 branches [-iz]

▶ bough《バウ》(〔花などがついた〕大枝)

259 **branch office**
ブランチ オフィス

名 支社

反 the main office(本社)

cf. office(p.191 例文 170)

▶ an overseas branch office(海外支社)

260 **near**
ニィア
[niər]

前 ～の近く

副 近く(に)　形 近い

反 far(遠く)(p.118 例文 103)

261 **Olympic**
アリンピック
[əlímpik]

名 オリンピック

複数 Olympics [-s]

形 オリンピックの

▶ an Olympic record(オリンピック記録)

▶ an Olympic village(オリンピック選手村)

▶ the Olympic flame(オリンピックの聖火)

262 **stadium**
ステイディアム 発
[stéidiəm]

名 スタジアム, 競技場

複数 stadiums [-z]

▶ a baseball stadium(野球場)

例文 59

My husband called the bank clerk yesterday.

夫は昨日，銀行員に電話をかけた。

263
husband
ハズバンドゥ
[hʌ́zbənd]

名 夫

複数 husbands [-bəndz]

反 wife（妻）（p.310 例文 285）

▶ her future hasband（彼女の夫となる人）

264
call
コーゥ
[kɔːl]

動 ～に電話をかける，～を呼ぶ

活用 call - called [-d] - called

3単現 calls [-z]

▶ call back 熟 電話をかけ返す

▶ call on ～ 熟 ～を訪問する

▶ call at ～ 熟 ～に立ち寄る

265
bank
バンク
[bæŋk]

名 銀行

複数 banks [-s]

▶ the World Bank（世界銀行）

▶ the Bank of Japan（日本銀行）

▶ I put 30,000 yen in the bank.
（私は銀行に３万円預けた）

266
clerk
クラーク
[kləːrk]

名 職員，事務員

複数 clerks [-s]

▶ a city clerk（市職員）

例文 60

The TV drama is a bridge between Japan and Korea.

そのテレビドラマは，日本と韓国とのかけ橋である。

267 □ **drama**《ドラマ》 [drǽmə]

名 ドラマ，劇

複数 dramas [-z]

268 □ **bridge**《ブリッヂ》 [bridʒ]

名 橋，かけ橋

複数 bridges [-iz]

▶ build a bridge over the river
（川に橋をかける）

▶ Golden Gate Bridge（ゴールデンゲートブリッジ）

269 □ **between**《ビトゥイーン》 [bitwíːn]

前 ～の間に［で，を］

（～には原則として2つ［2人］が入るが，3つ以上で用いられることがある）

cf.➡ among（～の中に）（p.16 例文5）

270 □ **between**《ビトゥイーン》 **~ and**《アンドゥ》 **...**

熟 ～と…の間に

271 □ **Korea**《コリーァ》 [kəríːə]

名 韓国，朝鮮

▶ Korean 名 韓国［朝鮮］（人）
形 韓国［朝鮮］（人［語］）の

プラス

韓国（South Korea）の正式名称は大韓民国（the Republic of Korea），北朝鮮（North Korea）の正式名称は朝鮮民主主義人民共和国（the Democratic People's Republic of Korea）。

例文 61

16

The dog hid its bone under the seat.

そのイヌは座席の下に骨を隠した。

272 **hide**
ハイドゥ
[haid]

動 ～を隠す，隠れる

活用 hide - hid《ヒッドゥ》 - hidden《ヒドゥン》

3単現 hides [haidz]

▶ hide his delight（彼の喜びを隠す）

273 **its**
イッツ
[its]

代 それの，その

▶ Nara is famous for its beautiful temples.
（奈良は美しい寺で有名だ）

274 **bone**
ボウン
[boun]

名 骨

複数 bones [-z]

▶ break a bone（骨を折る）

275 **under**
アンダァ
[ʌ́ndə*r*]

前 ～の下に

反 over（～の上に）（p.76 例文 65）

276 **seat**
スィートゥ
[siːt]

名 座席，席

複数 seats [siːts]

▶ reserved seats（予約席）

▶ give *one's* seat to ～（～に席を譲《ゆず》る）

▶ sit on a seat（座席にこしかける）

例文 62

He took off his hat as a sign of respect.

彼は尊敬の表れとして，帽《ぼう》子《し》を脱いだ。

277 **off** 副 離れて，切れて
オーフ [ɔːf]
▶get off 熟 降りる
前 ～から離れて
反 on（～の上に）（p.78 例文 67）

278 **take off (～)** 熟 ～を脱ぐ，離《り》陸《りく》する
テイク オーフ
反 put on ～（～を着る）（p.102 例文 87）
land（着陸する）（p.135 例文 120）

279 **hat** 名 帽子
ハットゥ [hæt]
複数 hats [hæts]
cf. cap（縁のない帽子）（p.49 例文 38）

280 **sign** 名 記号，表れ，兆《ちょう》候《こう》，標識
サイン [sain]
複数 signs [-z]
▶a traffic sign（交通標識）

281 **respect** 名 敬意，尊敬
リスペクトゥ [rispékt]
複数 respects [-spékts]
▶great respect（大きな尊敬）
動 ～を尊敬する
活用 respect - respected [-id] - respected
3単現 respects [-spékts]
▶He respects his father.（彼は父を尊敬している）

例文 63

The success of the performance depends on your everyday effort.

その演奏の成功は，あなたの毎日の努力しだいである。

282 □ **performance**
パフォーマンス
[pərfɔ́ːrməns]

名 上演，演奏，遂行《すいこう》

複数 performances [-iz]

cf.→ perform 動 ～を行う（p.289 例文 264）

▶ a ballet performance（バレー公演）

283 □ **depend**
ディペンドゥ
[dipénd]

動 ～に頼る

活用 depend - depended [-id] - depended

3単現 depends [-péndz]

284 □ **depend on ～**
ディペンドゥ オン

熟 ～に依存する，～しだいである

285 □ **everyday**
エブリディ
[évridei]

形 毎日の，日々の

プラス
every dayと2語で書くと，「毎日（～する）」という副詞の意味になる。

286 □ **effort**
エフォトゥ
[éfərt]

名 努力

複数 efforts [-ərts]

▶ make an effort 熟 努力する

例文 64

The example is at the top of the page.

その例はページの上部にあります。

287 □ **example**《イグザンプゥ》
[igzǽmpl]

名 例
・複数 examples [-z]
▶ for example 熟 たとえば
▶ a classic example（古典的な例）

288 □ **at**《アットゥ》
[ət]

前 ～で，～に（場所の１点を表す）

289 □ **top**《タップ》
[tɑp]

名 上部，頂上，首位
・複数 tops [-s]
・反 bottom（下部）

290 □ **at**《アットゥ》 **the**《ザ》 **top**《タップ》 **of**《オヴ》 **~**

熟 ～の上部に

291 □ **page**《ペイヂ》
[peidʒ]

名 ページ
・複数 pages [-iz]
▶ turn pages（ページをめくる）
▶ Open your book to page 10.
（本の10ページを開けなさい）

例文 65

17

Some birds are flying over those high mountains.

数羽の鳥があの高い山の上を飛んでいる。

292 **bird**
バードゥ
[bəːrd]

名 鳥 複数 birds [bəːrdz]

▶ keep a bird（鳥を飼う）

293 **are**
アー
[ər]

動 ～である, ある, いる
(beの2人称・単数・現在形および全ての人称の複数・現在形) cf.→ be動詞の活用（p.13）

294 **fly**
フライ
[flai]

動 飛ぶ

活用 fly - flew - flown《フロウン》

3単現 flies [-z]

295 **over**
オウヴァ
[óuvər]

前 ～を越えて, ～の上に

反 under（～の下に）（p.72 例文 61）

副 越えて, 上の方へ, 終わって

cf.→ be over（終わる）（p.171 例文 151）

▶ over there 熟 向こうに

296 **those**
ゾウズ
[ðouz]

代 あれら

形 それらの (thatの複数形)

cf.→ that（それ）（p.150 例文 134）

297 **high**
ハイ 発
[hai]

形 高い

比較 high - higher - highest [-ist]

反 low（低い）（p.197 例文 176）

▶ at high speed（高速で）

例文 66

Many people get on the last bus.

多くの人が最終のバスに乗る。

298
□ **people**《ピープゥ》 [píːpl]

名 人々
▶ young people（若者）

299
□ **get on ～**《ゲットゥ オン》

熟 ～に乗る

300
□ **last**《ラストゥ》 [læst]

形 (the をつけて) **最後の，この前の**
反 first（最初の）（p.112 例文 97）
cf.→ last night（昨夜）（p.236 例文 215）
cf.→ last week（先週）（p.85 例文 74）

副 **最後に**

名 **最後の人［もの］**
cf.→ at last（ついに）（p.33 例文 22）

動 **続く，継続する**

301
□ **bus**《バス》 [bʌs]

名 バス　複数 buses [-iz]
▶ catch the bus（バスに間に合う）

文法Check! 10 manyやsomeで名詞を説明する

数えられる名詞の「数」や数えられない名詞の「量」を表す形容詞が，名詞を説明することがあります。例文 66のmanyは「**多くの（数）**」，例文 65のsomeは「**いくつかの（数）**，**いくらかの（量）**」という意味です。

例文 67

I get one hour of regular exercise on Wednesday.

私は水曜日に1時間の定期的な運動をする。

302 □ **one**
ワン
[wʌn]

名 1，1人 ・複数 ones [-z]

形 1の，1人の

代 1つ（のもの），1人

303 □ **regular**
レギュラァ
[régjələr]

形 規則正しい，定期的な

・比較 regular - more regular - most regular

・反 irregular《[イレギュラァ]》 形 不規則な

304 □ **exercise**
エクサァサイズ
[éksərsaiz]

名 運動，練習

・複数 exercises [-iz]

動 運動する

・活用 exercise - exercised [-d] - exercised

・3単現 exercises [-iz]

305 □ **on**
オン
[ən]

前 ～の上に［で］，～の日に

▶ sit on the floor（床〔の上〕に座る）

▶ on Sunday next（次の日曜日に）

副 上に，乗って

・反 off（離れて）（p.73 例文 62）

306 □ **Wednesday**
ゥエンズディ
[wénzdei]

名 水曜日

・複数 Wednesdays [-z]

▶ Wed.〔短縮〕

例文 68

The journalist searched for my e-mail address on the Internet.

そのジャーナリストは，インターネットで私のメールアドレスを探した。

307
journalist
ヂャーァナリストゥ
[dʒə́ːrnəlist]

名 ジャーナリスト

・複数 journalists [-lists]

308
search
サーチ
[səːrtʃ]

動 ～を探す，～を捜す

・活用 search - searched [-t] - searched

・3単現 searches [-iz]

▶ search my pocket for money
（お金がないかポケットを探す）

309
e-mail
イーメイゥ
[íːmeil]

名 メール，電子メール

・複数 e-mails [-z]

▶ send (an) e-mail（電子メールを送る）

310
address
アドゥレス/アドゥレス
[ədrés/ǽdres]

名 住所

・複数 addresses [-iz]

▶ Tell me your name and address.
（あなたの名前と住所を教えてください）

311
Internet
インタァネトゥ ア
[íntərnet]

名 （theをつけて）インターネット

プラス
インターネットは単にthe net, the Netともいう。

例文 69

18

Air pollution is a global problem these days.

大気汚染はこのごろ，世界的な問題である。

312 **air**《エア》

[eər]

名 空気，大気

▶ by air 熟 飛行機で

▶ clear air（澄んだ空気）

▶ dry air（乾いた空気）

313 **pollution**《パルーション》

[pəlúːʃən]

名 汚染

▶ pollute《[パルートゥ]》 動 ～を汚染する

▶ environmental pollution（環境汚染）

314 **global**《グロウバゥ》

[glóubəl]

形 世界的な，地球の

▶ globe 名 地球（＝the earth）

cf. global warming（地球温暖化）（p.208 例文 187）

▶ the global community（地球社会）

▶ the global economy（世界経済）

315 **these**《ズィーズ》

[ðiːz]

代 これら

形 これらの（thisの複数形）

cf. this（これ）（p.115 例文 100）

316 **these**《ズィーズ》 **days**《デイズ》

熟 このごろ

例文 70

Don't repeat the same mistake again.

文法➡ p.49 7

同じ間違いを再びくりかえすな。

317
□ **repeat**
リピートゥ
[ripí:t]

動 ～をくりかえす

活用 repeat - repeated [-id] - repeated

3単現 repeats [-pí:ts]

▶ Please repeat after me.
（私のあとについていってください）

318
□ **same**
セイム
[seim]

形 （theをつけて）同じ

反 different（違う）（p.113 例文 98）

▶ at the same time 熟 同時に

代 （theをつけて）同じこと

▶ be the same as ～ 熟 ～と同じである

319
□ **mistake**
ミステイク
[mistéik]

名 間違い，誤り

複数 mistakes [-s]

▶ make a mistake 熟 間違える

動 ～を誤解する

活用 mistake - mistook《[ミストゥック]》 - mistaken《[ミステイクン]》

3単現 mistakes [-s]

320
□ **again**
アゲイン
[əgéin]

副 再び，また

例文 71

What is the capital of France?

フランスの首都はどこですか？

321 **what**
(フ)ワットゥ
[*h*wɑt]

代 何

形 何の，どんな

322 **capital**
キャピトゥウ
[kǽpitl]

名 首都

▶ the capital city（首都）

▶ Tokyo is the capital of Japan.
（東京は日本の首都だ）

形 主要な，大文字の

▶ capital letter（大文字）

323 **France**
フランス
[frǽns]

名 フランス

cf.➡ French 名 フランス人［語］（p.304 例文 279）
形 フランス人［語］の

＋プラス

英語の正式名称は，French Republic。首都はパリ（Paris）で，公用語はフランス語。

文法Check! 11 疑問詞

疑問詞のある疑問文では，疑問詞が文の最初におかれます。

what（何：例文 166）　**which**（どちら，どれ：例文 169）

who（だれ）　**whose**（だれの，だれのもの：例文 56）

whom［**who**］（だれを）　**when**（いつ）　**where**（どこ：例文 48）

why（なぜ）　**how**（どのように：例文 119）

〈**how＋形容詞**［**副詞**］〉の形で，数量や長さをたずねます。

how many（いくつ，どのくらい〔多さ〕：例文 120）

how long（どれくらい〔長さや期間〕：例文 164）

例文 72

Our leader removed **many** landmines **with the** army.

私たちのリーダーは，軍隊とともに多くの地雷《じらい》を除去した。

324 **leader**
リーダァ
[líːdər]

名 リーダー，指導者

- 複数 leaders [-z]
- ▶ lead 動 導く
- ▶ a political leader（政治指導者）

325 **remove**
リムーヴ
[rimúːv]

動 ～を移動する，～を取り除く

- 活用 remove - removed [-d] - removed
- 3単現 removes [-z]
- ▶ remove a stain（汚れを落とす）

326 **landmine**
ランドゥマイン
[lǽndmain]

名 地雷

- 複数 landmines [-z]

327 **army**
アーミ
[áːrmi]

名 軍隊，陸軍

- 複数 armies [-z]
- ▶ the British Army（英国陸軍）

プラス
「海軍」はnavy，「空軍」はair forceという。

例文 73

19

The lion is a symbol of courage in our culture.

ライオンは，私たちの文化では勇気の象徴である。

328 **lion**
ライアン
[láiən]

名 ライオン

複数 lions [-z]

▶ as brave as a lion
（ライオンのように勇敢な）

プラス

イングランドとライオン
イングランドでは王室の象徴として，王冠をかぶったライオンが用いられることがある。勇敢で知られるリチャード１世（在位：1189〜99）は，獅子心王（Lion Hearted）と呼ばれている。

329 **symbol**
スィンブゥ
[símbəl]

名 象徴

複数 symbols [-z]

330 **courage**
カーリッヂ
[kə́ːridʒ]

名 勇気

▶ take courage（勇気を出す）

cf→ brave（勇敢な）（p.311 例文 286）

331 **culture**
カウチャァ
[kʌ́ltʃər]

名 文化

複数 cultures [-z]

▶ cultural 形 文化の

▶ Japanese culture（日本文化）

例文 74

I borrowed this comic from my aunt last week.

私は先週，おばからこの漫画を借りた。

332 □ **borrow**《ボーロゥ》
[bɔ́ːrou]

動 ～を借りる

活用 borrow - borrowed [-d] - borrowed

3単現 borrows [-z]

反 lend（貸す）（p.307 例文 282）

▶ borrow a pen（ペンを借りる）

333 □ **borrow**《ボーロゥ》 **~ from**《フラム》 **...**

熟 ～を…から借りる

334 □ **comic**《カミック》
[kɑ́mik]

名 漫画　複数 comics [-s]

形 喜劇の

▶ a comic writer（喜劇作家）

335 □ **aunt**《アントゥ》
[ænt]

名 おば

複数 aunts [ænts]

反 uncle（おじ）（p.206 例文 185）

336 □ **week**《ウィーク》
[wiːk]

名 週

複数 weeks [-s]

cf. year（年）（p.62 例文 51）

month（月）（p.264 例文 239）

▶ every other week（1週おきに）

337 □ **last**《ラストゥ》 **week**《ウィーク》

熟 先週

cf. last（この前の）（p.77 例文 66）

いっしょに覚える英単語1

数

基数《きすう》（個数を表す数）		序数《じょすう》（theをつけて順序を表す数）	
□ one [ワン] [wʌn]	1	□ first [ファーストゥ] [fəːrst]	1番目の
□ two [トゥー] [tuː]	2	□ second [セカンドゥ] [sékənd]	2番目の
□ three [スリー] [θriː]	3	□ third [サードゥ] [θəːrd]	3番目の
□ four [フォー] [fɔːr]	4	□ fourth [フォース] [fɔːrθ]	4番目の
□ five [ファイヴ] [faiv]	5	□ fifth [フィフス] [fifθ]	5番目の
□ six [スィックス] [siks]	6	□ sixth [スィックスス] [siksθ]	6番目の
□ seven [セヴン] [sévən]	7	□ seventh [セブンス] [sévənθ]	7番目の
□ eight [エイトゥ] [eit]	8	□ eighth [エイトゥス] [eitθ]	8番目の
□ nine [ナイン] [nain]	9	□ ninth [ナインス] [nainθ]	9番目の
□ ten [テン] [ten]	10	□ tenth [テンス] [tenθ]	10番目の
□ eleven [イレヴン] [ilévən]	11	□ eleventh [イレヴンス] [ilévənθ]	11番目の
□ twelve [トゥウェゥヴ] [twelv]	12	□ twelfth [トゥウェルフス] [twelfθ]	12番目の
□ thirteen [サーティーン] [θəːrtíːn]	13	□ thirteenth [サァーティーンス] [θəːrtíːnθ]	13番目の
□ fourteen [フォーティーン] [fɔːrtíːn]	14	□ fourteenth [フォーティーンス] [fɔːrtíːnθ]	14番目の
□ fifteen [フィフティーン] [fiftíːn]	15	□ fifteenth [フィフティーンス] [fiftíːnθ]	15番目の
□ sixteen [スィクスティーン] [sikstíːn]	16	□ sixteenth [スィクスティーンス] [sikstíːnθ]	16番目の
□ seventeen [セヴンティーン] [sevəntíːn]	17	□ seventeenth [セヴンティーンス] [sevəntíːnθ]	17番目の
□ eighteen [エイティーン] [eitíːn]	18	□ eighteenth [エイティーンス] [eitíːnθ]	18番目の

☐ **nineteen** [ナインティーン] [naintíːn]	19	☐ **nineteenth** [ナインティーンス] [naintíːnθ]	19番目の
☐ **twenty** [トゥエンティ] [twénti]	20	☐ **twentieth** [トゥエンティエス] [twéntiəθ]	20番目の
☐ **twenty-one** [トゥエンティ ワン] [twénti wʌn]	21	☐ **twenty-first** [トゥエンティ ファーストゥ] [twénti fəːrst]	21番目の
☐ **twenty-two** [トゥエンティ トゥー] [twénti tuː]	22	☐ **twenty-second** [トゥエンティ セカンドゥ] [twénti sékənd]	22番目の
☐ **twenty-three** [トゥエンティ スリー] [twénti θriː]	23	☐ **twenty-third** [トゥエンティ サードゥ] [twénti θəːrd]	23番目の
☐ **twenty-four** [トゥエンティ フォー] [twénti fɔːr]	24	☐ **twenty-fourth** [トゥエンティ フォース] [twénti fɔːrθ]	24番目の
☐ **thirty** [サーティ] [θə́ːrti]	30	☐ **thirtieth** [サーティエス] [θə́ːrtiəθ]	30番目の
☐ **forty** [フォーティ] [fɔ́ːrti]	40	☐ **fortieth** [フォーティエス] [fɔ́ːrtiəθ]	40番目の
☐ **fifty** [フィフティ] [fífti]	50	☐ **fiftieth** [フィフティエス] [fíftiəθ]	50番目の
☐ **sixty** [スィクスティ] [síksti]	60	☐ **sixtieth** [スィクスティエス] [síkstiəθ]	60番目の
☐ **seventy** [セヴンティ] [sévnti]	70	☐ **seventieth** [セヴンティエス] [sévntiəθ]	70番目の
☐ **eighty** [エイティ] [éiti]	80	☐ **eightieth** [エイティエス] [éitiəθ]	80番目の
☐ **ninety** [ナインティ] [náinti]	90	☐ **ninetieth** [ナインティエス] [náintiəθ]	90番目の
☐ **hundred** [ハンドゥレッドゥ] [hʌ́ndred]	100	☐ **hundredth** [ハンドゥレッドゥス] [hʌ́ndredθ]	100番目の
☐ **thousand** [サウズンドゥ] [θáuznd]	1000	☐ **thousandth** [サウザンス] [θáuzəndθ]	1000番目の
☐ **million** [ミリオン] [míljən]	100万	☐ **millionth** [ミリオンス] [míljənθ]	100万番目の
☐ **billion** [ビリオン] [bíljən]	10億	☐ **billionth** [ビリオンス] [bíljənθ]	10億番目の

季　節

□ spring [スプリング] [spriŋ]	春	□ summer [サマァ] [sʌ́mər]	夏
□ fall [フォーゥ] [fɔːl]	秋	□ autumn [オータム] [ɔ́ːtəm]	秋
□ winter [ウィンタァ] [wíntər]	冬		

月

□ January [ヂェニュエリ] [dʒǽnjueri]	1月	□ February [フェブルエリ] [fébrueri]	2月
□ March [マーチ] [mɑːrtʃ]	3月	□ April [エイプリゥ] [éiprəl]	4月
□ May [メイ] [mei]	5月	□ June [ヂューン] [dʒuːn]	6月
□ July [ヂュライ] [dʒulái]	7月	□ August [オーゲストゥ] [ɔ́ːgəst]	8月
□ September [セプテンバァ] [septémbər]	9月	□ October [アクトウバァ] [ɑktóubər]	10月
□ November [ノウヴェンバァ] [nouvémbər]	11月	□ December [ディセンバァ] [disémbər]	12月

曜　日

□ Sunday [サンディ] [sʌ́ndei]	日曜日	□ Monday [マンディ] [mʌ́ndei]	月曜日
□ Tuesday [テューズディ] [tjúːzdei]	火曜日	□ Wednesday [ウェンズディ] [wénzdei]	水曜日
□ Thursday [サーズディ] [θɔ́ːrzdei]	木曜日	□ Friday [フライディ] [fráidei]	金曜日
□ Saturday [サタディ] [sǽtərdei]	土曜日		

STAGE 2

- 例文 75～149
- 単語 338～678
- CD 20～38
- 文法Check! 12～22

例文 75

20

The tall woman was a famous basketball player in the United States.

その背の高い女性は，アメリカで有名なバスケットボールの選手だった。

338
tall
トーウ
[tɔːl]

形 背の高い
・比較 tall - taller - tallest [-ist]
・反 short（背の低い）（p.211 例文 190）

339
was
ワズ
[wʌz]

動 am, isの過去形
cf.➡ be動詞の活用（p.13）

340
basketball
バスキトゥボーゥ
[bǽskitbɔːl]

名 バスケットボール，バスケットボール用のボール
・複数 basketballs [-z]

341
player
プレイァ
[pléiə*r*]

名 選手，プレーヤー
・複数 players [-z]
cf.➡ play 動 スポーツをする（p.122 例文 107）
▶ a baseball player（野球選手）

342
United States
ユーナイティドゥ　ステイッ
[juːnáitid stéits]

名（theをつけて）アメリカ合衆国
cf.➡ America（p.234 例文 213）

文法Check! 12 be動詞の過去形

be動詞も不規則変化動詞です。過去形は，amとisは**was**，areは**were**になります。過去分詞は，すべてが**been**となります。

例文 76

In my experience, saving money is very important.

文法➡ p.214 31

私の経験では，お金を蓄《たくわ》えることはとても大切だ。

343 **experience**
イクスピァリエンㇲ
[ikspíəriəns]

名 経験

・複数 experiences [-iz]

▶ have an experience 熟 経験する

動 ～を経験する

・活用 experience - experienced [-t] - experienced

・3単現 experiences [-iz]

344 **save**
セイヴ
[seiv]

動 ～を蓄える，～を救う

・活用 save - saved [-d] - saved

・3単現 saves [-z]

▶ The doctor saved my life.
（その医師のおかげで命が助かった）

345 **money**
マニ
[mʌ́ni]

名 お金

▶ spend money（お金を使う）

346 **important**
インポータントゥ
[impɔ́ːrtənt]

形 重要な

・比較 important - more important - most important

▶ importance 名 重要性，重要

▶ important events（重要な出来事）

▶ an important decision（重要な決定）

例文 77

She is really tired of watching TV in her hospital bed.

文法➡ p.214 31

彼女は，病院のベッドでテレビを見ることに本当にうんざりしている。

347 **really**
リーリ
[ríːəli]

副 本当に

▶ real 形 本当の

348 **tired**
タイアドゥ
[táiərd]

形 疲れた

比較 tired - more tired - most tired

▶ be tired from ～ 熟 （～で疲れている）

349 **be tired of ～**
ビ　タイアドゥ　オヴ

熟 ～にうんざりしている，
～に飽《あ》きている

350 **watch**
ウァッチ
[wɑtʃ]

動 見る

活用 watch - watched [-t] - watched

3単現 watches [-iz]

名 腕時計，見張り

複数 watches [-iz]

351 **hospital**
ハスピトゥ
[háspitl]

名 病院

複数 hospitals [-z]

▶ be in (the) hospital 熟 入院する

352 **bed**
ベッドゥ
[bed]

名 ベッド

複数 beds [bedz]

▶ go to bed 熟 寝る

例文 78

That TV program is really interesting so you should not miss it!

文法→ p.156 21

あのテレビ番組はとてもおもしろいので，見逃《のが》すべきではないですよ！

353 □ **TV**
ティーヴィー
[tíːvíː]

名 テレビ

- 複数 TVs [-z]
- 同 television 名 テレビ
- cf.→ on TV 熟 テレビで（p.215 例文 194）
- ▶ watch TV（テレビを見る）

354 □ **program**
プロウグラム
[próugræm]

名 番組，計画

- 複数 programs [-z]
- ▶ a computer program（コンピューターのプログラム）

355 □ **interesting**
イントゥレスティング
[íntrəstiŋ]

形 興味深い，おもしろい

- 比較 interesting - more interesting - most interesting
- ▶ an interesting story（興味深い話）
- ▶ an interesting book（おもしろい本）

356 □ **miss**
ミス
[mis]

動 ～を見逃す，～を打ちそこなう，（人・物）がいないので寂《さび》しく思う

- 活用 miss - missed [-t] - missed
- 3単現 misses [-iz]
- ▶ I'll miss you.（あなたがいなくなると寂しいだろう）

21

例文 79

He has much more information than I do.

文法➡ p.223 33

彼は，私よりもずっと多くの情報を持っている。

357 □ **much**
マッチ
[mʌtʃ]

副 ずっと

形 多量の，たくさんの
（数えられない名詞につく）

- 比較 much - more - most
- 同 a lot of ～（p.35 例文 24）
- 反 little（少しの）
- cf.➡ many 形 多数の（p.103 例文 88）
- ▶as much as ～ 熟 ～もの
- ▶How much will it cost?
（それはいくらになりますか）

358 □ **more**
モーア
[mɔːr]

形 もっと多くの，たくさんの
（much, manyの比較級）

- 反 less（より少ない〔量〕）
fewer（より少ない〔数〕）
- ▶more and more 熟 ますます
- ▶more than ～ 熟 ～以上
- ▶no more 熟 これ以上～ない
- ▶not ～ any more 熟 もう～ない

359 □ **information**
インファメイション
[infərméiʃən]

名 情報（数えられない名詞）

- ▶gather information（情報を集める）

プラス
英語で情報の数を言うときは，pieceかbitを用いる。
→two pieces[bits] of information（2つの情報）

例文 80

Excuse me, but will you help us?

文法→ p.111 15

すみません，手伝っていただけますか？

360 **excuse**
イクスキューズ
[ikskjúːz]

動 ～を許す
- 活用 excuse - excused [-d] - excused
- 3単現 excuses [-iz]

名 言い訳 [ikskjúːs]《イクスキュース》 発
（動詞との発音の違いに注意）
- 複数 excuses [-iz]

361 **Excuse me.**
イクスキューズ　ミー

熟 すみません

362 **help**
ヘゥプ
[help]

動 ～を助ける
- 活用 help - helped [-t] - helped
- 3単現 helps [-s]
- cf→ helpful 形 助けになる（p.322 例文 297）
- ▶ help *oneself* to ～ 熟
（飲食物などを）自分で取って食べる［飲む］
- ▶ Can I help you?
（いらっしゃいませ／何かお困りですか）
- ▶ help me with my homework
（私の宿題を手伝う）

名 助け，援助
- 複数 helps [-s]

363 **us**
アス
[əs]

代 私たちに

例文 81

I will take care of your daughter this weekend.

文法→ p.111 15

今週末，あなたの娘の世話をしましょう。

364 **care**《ケア》

[keər]

名 世話，注意

複数 cares [-z]

▶ child care（育児）

動 気にする，関心を持つ

活用 care - cared [-d] - cared

3単現 cares [-z]

▶ medical care costs（医療費）

365 **take**《テイク》 **care**《ケア》 **of**《オヴ》 **~**

熟 ~の世話をする

▶ take care 熟 注意する，気をつける

▶ Please take care of yourself.（お体を大切に）

366 **daughter**《ドータァ》 発 つ

[dɔ́ːtər]

名 娘

複数 daughters [-z]

反 son（息子）（p.269 例文 244）

▶ my eldest daughter（長女）

367 **weekend**《ウィーケンドゥ》

[wíːkend]

名 週末

複数 weekends [-endz]

▶ this weekend 熟 今週末

▶ Have a nice weekend!

（楽しい週末を〔週末に入る前のあいさつ〕）

例文 82

He discovered this plant while he was walking along the river.

彼は川沿《そ》いを歩いているときに，この植物を発見した。

368 □ **discover**
ディスカヴァ
[diskʌ́vər]

動 ～を発見する

活用 discover - discovered [-d] - discovered

3単現 discovers [-z]

▶discovery 名 発見

369 □ **plant**
プラントゥ
[plænt]

名 植物 複数 plants [plænts]

▶plants and animals（動植物）

動 ～を植える

活用 plant - planted [-id] - planted

3単現 plants [plænts]

370 □ **while**
（フ）ワイゥ
[*h*wail]

接 ～する間 名 （短い）時間

cf. for a while 熟 しばらくの間（p.202 例文181）

371 □ **along**
アローング
[əlɔ́ːŋ]

前 ～に沿って

▶along with ～ 熟 ～といっしょに

▶get along with ～ 熟 ～と仲良くやっていく

372 □ **river**
リヴァ
[rívər]

名 川 複数 rivers [-z]

文法Check! 13 過去進行形

〈**was[were]+動詞のing形**〉で，「**（そのとき）～していた**」という意味になります。これを**過去進行形**と呼びます。

例文 83

22

I want to live in a quiet place.

文法➡ p.204 28

私は静かな場所に住みたい。

373 **live** 《リヴ》
[liv]

動 住む，生きる

- 活用 live - lived [-d] - lived
- 3単現 lives [-z]
- cf.➡ living 名 生活（p.297 例文 272）
- ▶live a happy life（幸せに暮らす）

374 **live**《リヴ》 **in**《イン》 **~**

熟 ～に住む

375 **quiet** 《クワイエトゥ》
[kwáiət]

形 静かな

- 比較 quiet - quieter - quietest [-ist]
- 同 silent（p.245 例文 224）
- 反 noisy（うるさい）
- ▶a quiet street（静かな通り）
- ▶Keep quiet.（静かにしていなさい）

376 **place** 《プレイス》
[pleis]

名 場所

- 複数 places [-iz]
- ▶from place to place 熟 あちらこちらへ
- ▶a place of business（仕事の場所）

例文 84

He needed to buy something to drink because he was so thirsty.

文法➡ p.204 28, p.205 29

彼は何か飲み物を買う必要があった，なぜなら彼はとてものどが渇《かわ》いていたからだ。

377
something
サムスィング
[sʌ́mθiŋ]

代 何か

cf➡ anything（何か）（p.176 例文156）

▶something new（何か新しいこと）

プラス

something, anything, nothingを修飾する形容詞は，そのあとにつける。

something cold to drink

（何か冷たい飲み物）

378
drink
ドゥリンク
[driŋk]

動 ～を飲む

活用 drink - drank《[ドゥランク]》 [dræŋk] - drunk《[ドゥランク]》 [drʌŋk]

3単現 drinks [-s]

名 飲み物

複数 drinks [-s]

▶a hot drink（熱い飲み物）

▶a cold drink（冷たい飲み物）

379
so
ソウ
[sou]

副 それほどに，非常に

接 それで

380
thirsty
サースティ
[θə́ːrsti]

形 のどが渇いた

比較 thirsty - thirstier - thirstiest [-ist]

例文 85

I want to talk to you about the new rule.

文法➡ p.204 28

私はあなたと，新しい規則について話したい。

381 □ **talk**
トーク
[tɔːk]

動 話す

・活用 talk - talked [-t] - talked

・3単現 talks [-s]

▶ talk with ～ 熟 ～と話す

▶ talk about ～ 熟 ～について話す

382 □ **talk to ～**
トーク トゥ

熟 ～と話す

383 □ **about**
アバウトゥ
[əbáut]

前 ～について

副 およそ

▶ about three thousand yen（約3.000円）

384 □ **rule**
ルーゥ
[ruːl]

名 規則，ルール

・複数 rules [-z]

▶ make a rule（規則を作る）

▶ break a rule（規則を破る）

動 支配する，統治する

・活用 rule - ruled [-d] - ruled

・3単現 rules [-z]

▶ ruler 名 支配者，統治者，定《じょう》規《ぎ》

例文 86

How about going to the movies tonight?

文法→ p.214 31

今晩，映画に行きませんか？

385 **How《ハウ》 about《アバウトゥ》 ~ ?**

熟 ～はいかがですか？

386 **go**《ゴウ》

[gou]

動 行く

- 活用 go - went《ウエントゥ》 - gone《ゴーン》
- 3単現 goes [-z]
- cf.→ go ~ing（p.178 例文158）
- ▶go on ~ing 熟 ～し続ける
- ▶go to bed 熟 寝る，ベッドに入る
- ▶go away 熟 立ち去る

387 **movie**《ムーヴィ》

[mú:vi]

名 映画

- 複数 movies [-z]
- 同 film（p.295 例文270）
- ▶make a movie（映画を作る）
- ▶see a movie（映画を見る）
- ▶go to the movies（映画に行く）

388 **tonight**《テナイトゥ》

[tənáit]

副 今晩（は）

名 今晩

例文 87

23

The boy had to put on a coat because of the cold rain.

文法➡ p.149 20

冷たい雨のために，その男の子はコートを着なければならなかった。

389 □ **boy**《ボイ》 [bɔi]

名 男の子

・複数 boys [-z]

・反 girl（女の子）（p.32 例文 21）

390 □ **put**《プットゥ》 [put]

動 ～を置く

・活用 put - put - put

・3単現 puts [puts]

▶ put away 熟 片付ける

▶ put down ～ 熟 ～を下へ置く

▶ put off ～ 熟 延期する

391 □ **put on ～**《プットゥ　オン》

熟 ～を着る

・反 take off ～（～を脱ぐ）（p.73 例文 62）

cf.➡ wear（～を着ている）（p.46 例文 35）

392 □ **coat**《コウトゥ》 [kout]

名 コート

・複数 coats [kouts]

393 □ **rain**《レイン》 [rein]

名 雨

・複数 rains [-z]

▶ a heavy rain（大雨）

動 雨が降る

・活用 rain - rained [-d] - rained

例文 88

Many fans cheered when the team won.

そのチームが勝ったとき，多くのファンが喜んだ。

394
many
メニ
[méni]

形 多くの，多数の
（数えられる名詞につく）

- 比較 many - more - most
- 同 a lot of ～（p.35 例文 24）
- 反 few（ほとんどない）（p.201 例文 180）
- cf. much 形 多量の（p.94 例文 79）

395
fan
ファン
[fæn]

名 ファン

- 複数 fans [-z]
- ▶ baseball fans（野球ファン）

396
cheer
チィア
[tʃiər]

動 喜ぶ，～を励《はげ》ます，～を応援する

- 活用 cheer- cheered [-d] - cheered
- 3単現 cheers [-z]
- ▶ cheer for ～ 熟 ～を応援する

名 声援《せいえん》

- 複数 cheers [-z]
- ▶ a loud cheer（大声援）

397
team
ティーム
[tiːm]

名 チーム

- 複数 teams [-z]
- ▶ a home team（地元のチーム）
- ▶ a basketball team（バスケットボールのチーム）

例文 89

The boat with the powerful engine is going to sail to New York.

力のあるエンジンを積んだ船は，ニューヨークに航海しようとしている。

398 □ **boat**
ボウトゥ
[bout]

名 ボート，小舟，船
・複数 boats [bouts]

399 □ **powerful**
パウアフゥ
[páuərfəl]

形 影響力のある，強力な
・比較 powerful - more powerful - most powerful
▶power 名 力

400 □ **engine**
エンヂン
[éndʒin]

名 エンジン
・複数 engines [-z]

401 □ **be going to *do***
ビ ゴウイング トゥ

熟 ～するつもりだ，～しようとしている
cf.➡ will（～するつもりだ）（p.134 例文119）

402 □ **sail**
セイゥ
[seil]

動 航海する，帆走《はんそう》する
・活用 sail - sailed [-d] - sailed
・3単現 sails [-z]

文法Check! 14 近い未来を表すbe going to

近い未来の予測や，**前もって考えていた意図**を表すときに，**be going to**を使います。例文89では，その船が今にもニューヨークに出航しようとしています。

例文 90

I wish to take an art course next year.

文法→ p.204 28

来年，私は芸術の講座をとりたい。

403 **wish**
ウイッシュ
[wiʃ]

動 ～を願う
活用 wish - wished [-t] - wished
3単現 wishes [-iz]
名 願い　複数 wishes [-iz]

404 **take**
テイク
[teik]

動 ～を取る，～を持っていく，(列車やタクシー)を使う，(時間)がかかる
活用 take - took《トゥック》 [tuk] - taken《テイクン》 [teikn]
3単現 takes [-s]
▶ take a taxi（タクシーに乗る）

405 **art**
アートゥ
[ɑːrt]

名 芸術，美術
複数 arts [ɑːrts]
cf.→ artist 名 芸術家（p.130 例文 115）
fine arts（芸術）（p.298 例文 273）

406 **course**
コース
[kɔːrs]

名 講座，進路
複数 courses [-iz]
▶ of course 熟 もちろん

407 **next year**
ネクストゥ イァ

熟 来年
cf.→ next（次の）（p.25 例文 14）
▶ next time 熟 この次は

24

例文 91

He started to draw a strange picture in the garden.

文法➡ p.204 28

彼は庭で，奇妙な絵を描き始めた。

408 **start**
スタートゥ
[stɑːrt]

動 ～を始める

活用 start - started [-id] - started

3単現 starts [stɑːrts]

反 stop（～を止める）（p.214 例文 193）

409 **draw**
ドロー
[drɔː]

動 ～を描く

活用 draw - drew - drawn《[ドローン]》

3単現 draws [-z]

プラス

draw *vs.* **paint**

「絵を描く」を表す語のうち，drawは鉛筆・ペンなどで線を描くこと，paintは絵の具を使って塗ることを意味する。（p.203 例文 182）

410 **strange**
ストレインヂ
[streindʒ]

形 奇妙な，見知らぬ

比較 strange - stranger - strangest [-ist]

▶ stranger 名 見知らぬ人，他人

▶ a strange face（見知らぬ顔）

411 **garden**
ガードゥン
[gɑ́ːrdn]

名 庭

複数 gardens [-z]

▶ a back garden（裏庭）

▶ water the garden（庭に水をまく）

例文 92

I think my parents love each other.

文法→ p.163 22

両親はお互いに愛し合っていると思う。

412 □ **parent**《ペアレントゥ》 [péərənt]

名 親

- 複数 parents [-rənts] (両親)
- cf.→ grandparent (祖父, 祖母) (p.233 例文 212)

413 □ **love**《ラヴ》 [lʌv]

動 ～を愛する, ～が好きである

- 活用 love - loved [-d] - loved
- 3単現 loves [-z]
- 同 like (p.268 例文 243)
  be fond of ～ (p.198 例文 177)

名 愛

414 □ **each**《イーチ》 [iːtʃ]

形 それぞれの

代 それぞれ

▶ each of ～ 熟 それぞれの～

415 □ **other**《アザァ》 [ʌ́ðər]

代 ほかの人[もの]

- 複数 others [-z]

▶ Some like jazz and others don't.
(ジャズが好きな人もいれば, そうでない人もいる)

形 ほかの, 別の

- cf.→ another (もう1つの) (p.284 例文 259)

▶ the other day 熟 先日

416 □ **each**《イーチ》 **other**《アザァ》

熟 お互いに

- 同 one another

STAGE 2

例文 93

I'm sure that you will understand the true reason later.

文法→ p.111 15, p.163 22

あなたは本当の理由をあとで理解できると，私は確信しています。

417 **sure**
シュア
[ʃuər]

形 確信して，きっと～して
比較 sure - surer - surest [-ist]

副 (返事に用いて) いいとも，もちろん

418 **I'm sure ～.**
アイム シュア

熟 ～と確信している

419 **true**
トゥルー
[truː]

形 本当の
比較 true - truer - truest [-ist]
▶ truly 副 本当に
▶ come true 熟 実現する
▶ That's true. (そのとおりです)

420 **reason**
リーズン
[ríːzən]

名 理由
複数 reasons [-z]
▶ for this reason (こういうわけで)

421 **later**
レイタァ
[léitər]

副 あとで，後《のち》ほど (lateの比較級)
反 earlier (より早く)
cf.→ late 形 遅れた (p.287 例文 262)

例文 94

Ten eggs are sold at five dollars.

文法➡ p.233 35

10個の卵が5ドルで売られている。

422 **ten**
テン
[ten]

名 10, 10人
形 10の, 10人の

423 **egg**
エッグ
[eg]

名 卵
・複数 eggs [-z]
▶ break an egg（卵を割る）

424 **sell**
セウ
[sel]

動 ～を売る
・活用 sell - sold《[ソウゥドゥ]》 - sold
・3単現 sells [-z]
・反 buy（買う）（p.119 例文104）
▶ be sold out 熟 売り切れる

425 **five**
ファイヴ
[faiv]

名 5, 5人
形 5の, 5人の

426 **dollar**
ダラァ 発
[dálər]

名 ドル
・複数 dollars [-z]

プラス
アメリカ・カナダ・オーストラリアなど，多数の国で使用されている通貨の単位。$という記号で表すことがある。1ドル＝100セント（cent）。

例文 95

25

There is nothing wrong with his actions.

文法➡ p.170 23

彼の行動には，何も間違ったところはない。

427
nothing
ナスィング
[nʌ́θiŋ]

代 何も～ない

（文頭にくる場合以外のときは，not ～ anythingでおきかえられる）

▶ say nothing at all（まったく何もいわない）

428
wrong
ローング 発
[rɔːŋ]

形 間違った

比較 wrong - more wrong [wronger] - most wrong [wrongest [-ist]]

反 right（正しい）（p.262 例文 237）

correct（正しい）

▶ What's wrong? 熟 どうしたのですか？

cf.➡ What's the matter?（p.312 例文 287）

▶ Something is wrong with this camera.
（このカメラは調子が悪い）

▶ Sorry, wrong number.
（〔電話で〕すみませんが，番号違いですよ）

429
his
ヒズ
[hiz]

代 彼の

430
action
アクション
[ǽkʃən]

名 行動，活動，行為

複数 actions [-z]

▶ act 動 行動する

▶ take action（行動を取る）

例文 96

I will grow rice from April.

私は4月から米を栽培します。

431 □ **grow**
グロゥ
[grou]

動 ～を育てる，成長する

・活用 grow - grew - grown《[グロウン]》

・3単現 grows [-z]

▶grow up 熟 成長する

432 □ **rice**
ライス
[rais]

名 米

▶brown rice（玄米）

▶(a) rice cake（もち）

433 □ **from ～**
フラム
[frəm]

前 ～から

・反 to（～まで）（p.278 例文 253）

434 □ **April**
エイプレゥ
[éiprəl]

名 4月

プラス

April Fool「4月ばか」

4月1日にだまされた人，またはそのうそ［いたずら］のこと．日本語の「エイプリル・フール」は日を表すことが多いが，それは April Fool's Day という。

文法Check! 15 助動詞will

willは一般的に，これからのことを表すとき「（**これから**）**～するだろう**」という意味で使います。このwillは助動詞のひとつなので，後ろには動詞の原形が入ります。willにはほかに，「**～する**（**つもりだ**）」と**意志**を表す使い方があります。

例文 97

At first, I tried to follow my instructor.

文法➡ p.204 28

最初は，私はインストラクターについて行こうとした。

435
first
ファーストゥ
[fəːrst]

名 1番目の人［もの］

▶first of all 熟 まず第1に

形 第1の，最初の

反 last（最後の）（p.77 例文66）

cf.➡ for the first time（初めて）（p.18 例文7）

副 第1に，最初に

436
at first
アトゥ ファーストゥ

熟 最初は［に］

437
follow
ファロウ
[fálou]

動 あとについて行く，あとを追いかける

活用 follow - followed [-d] - followed

3単現 follows [-z]

▶Please follow me.
（私のあとについて来てください）

438
instructor
インストゥラクタァ
[instrʌ́ktər]

名 指導者，先生，教官

複数 instructors [-z]

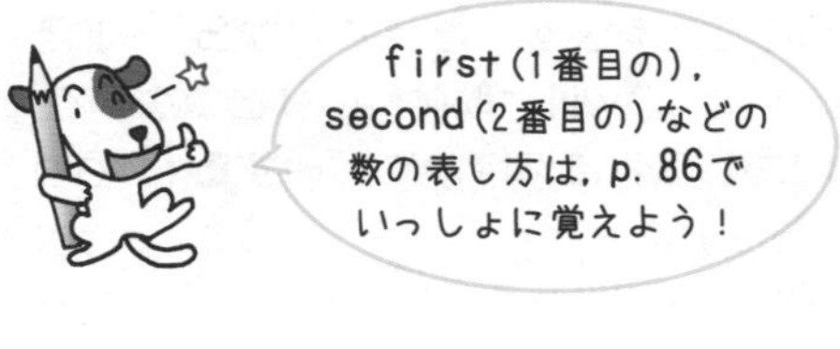

例文 98

His advice was different from yours.

彼の忠告は，あなたのものとは違った。

439 □ **advice**
アドヴァイス
[ədváis]

名 忠告
▶ advise《アドヴァイズ》 動 忠告する 発
▶ bad advice（悪い助言）
▶ against the doctor's advice
（医者の忠告に反して）

440 □ **different**
ディファレントゥ
[dífərənt]

形 違った，異なった
反 same（同じ）（p.81 例文 70）
cf.→ difference 名 違い（p.64 例文 53）
▶ You look different with your hair short.
（髪を短くすると感じが違って見えるね）

441 □ **be different from ~**
ビ ディファレントゥ フラム

熟 ～とは違う

442 □ **yours**
ユアズ
[juərz]

代 あなたのもの
（you の所有代名詞。文法→ p.67 9）
▶ Is this bag yours ?
（このかばんはあなたのですか）

例文 99

26

You must stay here until seven o'clock this evening.

文法➡ p.149 20

今晩の7時まで，ここにいなければいけません。

443 □ **must** マストゥ [məst]

助 ～しなければならない

cf.➡ have to *do*（～しなければならない）（p.148 例文133）

444 □ **until** アンティゥ [əntíl]

前 ～まで（ずっと）

接 ～するまで

同 till

445 □ **seven** セヴン [sévən]

名 7，7人

形 7の，7人の

446 □ **o'clock** オクラックゥ [əklák]

副 ～時（ちょうど）

プラス

「～時…分」という場合は，o'clockはつけない。

It's three o'clock.（3時ちょうどです）

It's three ten.（3時10分です）

447 □ **evening** イーヴニング [íːvniŋ]

名 夕方，夜

▶ in the evening 熟 夕方［晩］に

▶ Good evening.（こんばんは）

448 □ **this evening** ズィス イーヴニング

熟 今晩

例文 100

I am hungry because I didn't have breakfast this morning.

今朝《けさ》朝食を食べなかったので，私はおなかが減っている。

449 **hungry**
ハングリ
[hʌ́ŋgri]

形 空腹の

・比較 hungry - hungrier - hungriest [-ist]

▶a hungry wolf（飢えたオオカミ）

450 **because**
ビコーズ
[bikɔ́:z]

接 ～なので，なぜなら

▶because of～ 熟 ～のために，～が原因で

451 **breakfast**
ブレックゥファストゥ 発
[brékfəst]

名 朝食

・複数 breakfasts [-fəsts]

cf.→ dinner（夕食）（p.290 例文 265）

▶lunch（昼食）

▶have[eat] breakfast（朝食を食べる）

▶skip breakfast（朝食を抜く）

452 **this**
ズィス
[ðis]

形 この

代 これは，これを

cf.→ these（これらの）（p.80 例文 69）

453 **this morning**
ズィス モーニング

熟 今朝

例文 101

I will help you with your Japanese after school.

文法→ p.111 15

私は放課後に，あなたの日本語を手伝いましょう。

454 □ **help《ヘゥプ》 ～ with《ウィズ》 ...**

熟 ～の…を手伝う

cf.→ help 動 ～を助ける（p.95 例文 80）

455 □ **Japanese《チャパニーズ》**

[dʒæpəníːz]

名 日本語，日本人

複数 Japanese（単複同形）

形 日本（人[語]）の

cf.→ Japan 名 日本（p.185 例文 165）

▶ the Japanese language（日本語）

プラス

Japanese, Chinese（中国人）など，-eseで終わる「～人」を表す語は単数形と複数形が同じ形になる。

456 □ **after《アフタァ》**

[ǽftər]

前 ～のあとに

反 before（～の前に）（p.146 例文 131）

▶ after all 熟 結局

▶ after a while 熟 しばらくして

▶ After you.

（〔部屋などの出入り口で〕お先にどうぞ）

457 □ **after《アフタァ》 school《スクーゥ》**

熟 放課後

例文 102

Many flags were raised over the field.

文法→ p.233 35

競技場に多くの旗が掲《かか》げられた。

458 **flag**
フラッグ
[flæg]

名 旗

複数 flags [-z]

▶ the national flag（国旗）

▶ wave a flag（旗を振る）

▶ a flag signal（手旗信号）

459 **were**
ワァ
[wər]

動 ～だった，あった，いた

（areの過去形）

cf.→ p.13 be動詞の活用

460 **raise**
レイズ
[reiz]

動 ～を上げる，～を掲げる

活用 raise - raised [-d] - raised

3単現 raises [-iz]

▶ raise my hand（手をあげる）

461 **field**
フィーゥドゥ
[fiːld]

名 野原，畑，競技場

複数 fields [fiːldz]

▶ field flowers（野の花）

▶ a playing field（運動場）

▶ track and field（陸上競技）

27

例文 103

I could hear the sound of the bell from far away.

私は遠くから，ベルの音を聞くことができた。

462 **sound**
サウンドゥ
[saund]

名 音　・複数 sounds [saundz]

動 ～に聞こえる，～のように思われる，鳴る

・活用 sound - sounded [-id] - sounded

・3単現 sounds [saundz]

・同 seem（～のように思われる）（p.186 例文 166）

▶sound like ～　熟 ～のように聞こえる

▶sound good　熟 よさそうだ

463 **bell**
ベゥ
[bel]

名 ベル，鐘

・複数 bells [-z]

464 **far**
ファー
[fɑːr]

副 遠く(に)　形 遠い

・比較 far - farther《ファーザァ》 - farthest《ファーズィストゥ》

・反 near（近く）（p.69 例文 58）

465 **far away**
ファー　アウェィ

熟 遠くに[へ]

▶far from ～　熟 ～から遠い

文法Check! 16 canの過去形could

must以外の助動詞には，過去形があります。**could**は**canの過去形**で，「**～することができた**」という意味になります。助動詞の過去形は，高校でくわしく学ぶことになります。

例文 104

Tom decided to buy the chair for her.

文法→ p.204 28

トムは，彼女にそのいすを買うことを決めた。

466 □ **decide**《ディサイドゥ》 [disáid]

動 ～を決める，決定する

活用 decide - decided [-id] - decided

3単現 decides [-sáidz]

cf.→ decision 名 決定（p.205 例文184）

467 □ **decide to *do*** decide《ディサイドゥ》 to《トゥ》

熟 ～することを決める

468 □ **buy**《バイ》 [bai]

動 ～を買う

活用 buy - bought - bought《[ボートゥ]》

3単現 buys [-z]

反 sell（売る）（p.109 例文94）

▶ buy a computer with cash
（コンピューターを現金で買う）

▶ buy a shirt on sale
（シャツをバーゲンで買う）

469 □ **chair**《チェア》 [tʃeər]

名 いす

複数 chairs [-z]

▶ a rocking chair（ゆりいす）

▶ sit on a chair（いすに座る）

▶ Take a chair, please.（どうぞおかけください）

例文 105

The president was ready for his speech on social problems.

大統領は，社会問題についてスピーチをする用意ができていた。

470 □ **president** 《プレズィデントゥ》
[prézidənt]

名 大統領

複数 presidents [-dənts]

▶ the President of the United States
（アメリカ合衆国大統領）

471 □ **ready** 《レディ》
[rédi]

形 用意ができた

比較 ready - readier - readiest [-ist]

472 □ **be**《ビ》 **ready**《レディ》 **for**《フォー》 **~**

熟 ～する用意ができている

473 □ **speech** 《スピーチ》
[spiːtʃ]

名 演説，スピーチ，話すこと

複数 speeches [-iz]

▶ give a speech（演説をする）

▶ an opening speech（開会の辞）

474 □ **social** 《ソウシャゥ》
[sóuʃəl]

形 社会の

比較 social - more social - most social

▶ society 名 社会

▶ social studies（社会科）

475 □ **problem** 《プラブレム》
[prábləm]

名 問題

複数 problems [-z]

▶ a serious problem（重大な問題）

例文 106

I usually get up early in the morning to take a walk.

文法 ➡ p.206 30

私はいつも，散歩をするために朝早く起きます。

476 □ **usually**
ユージュアリィ
[júːʒuəli]

副 ふつうは，いつもは

▶ usual《[ユージュアゥ]》 形 いつもの

as usual 熟 いつものように

477 □ **up**
アップ
[ʌp]

副 上へ，起き上がって

反 down（下へ）

478 □ **get up**
ゲットゥ アップ

熟 起きる

479 □ **early**
アーリィ
[ə́ːrli]

副 早く

形 早い

活用 early - earlier - earliest [-ist]

反 late（遅く，遅い）（p.287 例文 262）

▶ in the early hours of the morning
（朝早い時間に）

▶ The early bird catches the worm.
（早起きは三文の得）〔ことわざ〕

480 □ **take a walk**
テイク ア ウォーク

熟 散歩をする

cf. ➡ walk 動 歩く（p.41 例文 30）

例文 **107**

28

We will play tennis at the schoolyard tomorrow.

文法→ p.111 15

私たちは明日，校庭でテニスをするつもりだ。

481 **play**
プレィ
[plei]

動 遊ぶ，（スポーツ）をする，
～を演奏する

3単現 plays [-z]
活用 play - played [-d] - played
cf.→ player 名 選手（p.90 例文75）
▶ play the guitar（ギターを弾く）
▶ play with friends（友達と遊ぶ）
▶ play ice hockey（アイスホッケーをする）

482 **tennis**
テニス
[ténis]

名 テニス

▶ a tennis ball（テニスボール）
▶ a tennis court（テニスコート）

483 **schoolyard**
スクーゥヤードゥ
[skú:ljɑ:rd]

名 校庭

複数 schoolyards [-jɑ:rdz]

484 **tomorrow**
トゥモーロゥ
[təmɔ́:rou]

副 明日（は）
名 明日

cf.→ today（今日）（p.197 例文176）
cf.→ yesterday（昨日）（p.18 例文7）

例文 108

Which color do you like more, black or brown?

黒と茶，どちらの色がより好きですか？

485 **color**
カラー
[kʌ́lər]

名 色

複数 colors [-z]

cf.→ colorful 形 色鮮やかな（p.224 例文 203）

▶ bright color（はっきりとした色）

486 **black**
ブラック
[blæk]

名 黒

反 white（p.203 例文 182）

形 黒い

比較 black - blacker - blackest [-ist]

▶ black coffee（ブラックコーヒー，ミルクの入っていないコーヒー）

487 **or**
オァ
[ər]

接 ～または…，（命令形のあとで）さもないと

▶ Put on your coat, or you'll catch a cold.
（上着を着なさい，さもないと風邪をひくよ）

488 **brown**
ブラウン
[braun]

名 茶色

形 茶色の

比較 brown - browner - brownest [-ist]

▶ brown eyes（茶色の目）

▶ brown suger（黒砂糖）

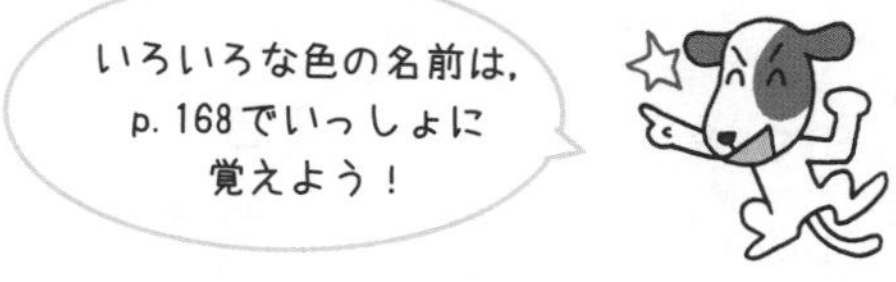

例文 109

Are there any fresh fruit and vegetables in the store?

文法➡ p.170 23

お店には，新鮮な果物や野菜はありますか？

489 **any**
エニ
[éni]

形 (疑問文で) **いくらかの,** (否定文で) **少しも**

cf.➡ some (いくつかの) (p.175 例文155)

▶ at any time 熟 いつでも

490 **fresh**
フレッシュ
[freʃ]

形 **新鮮な**

比較 fresh - fresher - freshest [-ist]

▶ fresh eggs (生みたての卵)

▶ a fresh cup of coffee (いれたてのコーヒー)

▶ fresh air (新鮮な空気)

491 **fruit**
フルートゥ
[fruːt]

名 **果物**

複数 fruits [fruːts]
(fruitはふつう複数形にしないが，特に種類を表すときは複数形にすることもある)

▶ a piece of fruit (果物１切れ)

492 **vegetable**
ヴェヂタブゥ
[védʒətəbl]

名 **野菜**

複数 vegetables [-z]

▶ vegetarian《ヴェヂタリアン》 ア 名 菜食主義者

▶ a vegetable garden (菜園)

493 **store**
ストーァ
[stɔːr]

名 **店**

複数 stores [-z]

同 shop (p.17 例文6)

例文 110

Mary is able to dance very well.

メアリーは大変上手に踊《おど》ることができる。

494 **able**
エイブゥ
[éibl]

形 可能な，～できる

比較 able - abler[more able] - ablest [-ist] [most able]

▶ ability《[アビリティ]》 名 能力

495 **be able to *do***
ビ　エイブゥ　トゥ

熟 ～することができる

cf.➡ can（～することができる）（p.25 例文14）

496 **dance**
ダンス
[dæns]

動 踊る

活用 dance - danced [-t] - danced

3単現 dances [-iz]

名 踊り，ダンス　複数 dances [-iz]

▶ dancer 名 ダンサー

497 **well**
ウエゥ
[wel]

副 上手に，よく

▶ as well as ～ 熟 ～と同じように

形 健康で

比較 well - better - best

間 ところで，えっと

文法Check! 17 可能を表すbe able to

is[are] able toは助動詞の**canとほぼ同じ**で，「**～することができる**」という意味です。**can**を使えないときなど，そのかわりに使われることがあります。（cf.➡ p.132 例文117）

29

例文 111

I hope everything will turn out all right.

文法➡ p.111 15, p.163 22

すべてがうまくいくといいですね。

498 □ **everything**
エヴリスィング
[évriθiŋ]

代 すべてのもの

499 □ **turn**
ターン
[təːrn]

動 ～を回す，曲がる

・活用 turn - turned [-d] - turned

・3単現 turns [-z]

▶ turn down 熟（ラジオなどの音量を）小さくする

▶ turn (to the) left（左へ曲がる）

名 順番

▶ It's your turn.（あなたの番です）

500 □ **out**
アウトゥ
[aut]

副 外へ

・反 in（中へ）（p.13 例文2）

501 □ **turn out**
ターン　アウトゥ

熟 （結局）～になる，～だとわかる

502 □ **all**
オーゥ
[ɔːl]

形 すべての

代 すべてのもの[人]

▶ all of ～ 熟 ～の全部

503 □ **all right**
オーゥ　ライトゥ

熟 うまくいっている，申し分ない

例文 112

Almost everyone believes that she will marry Bill.

文法 ➡ p.111 15, p.163 22

ほとんど全員の人が，彼女はビルと結婚すると信じている。

504
□ **almost**
オーゥモウストゥ
[ɔ́ːlmoust]

副 ほとんど

▶ I was almost hit by a car.
（あやうく車にはねられるところだった）

505
□ **believe**
ビリーヴ
[bəlíːv]

動 ～を信じている

・活用 believe - believed [-d] - believed
・3単現 believes [-z]
▶ believe in ～ 熟 ～の存在を信じる
▶ I don't believe in ghosts.
（私は幽霊を信じていない）

506
□ **she**
シー
[ʃiː]

代 彼女は

507
□ **marry**
マリィ
[mǽri]

動 ～と結婚する

・活用 marry - married [-d] - married
・3単現 marries [-z]
▶ get married to ～ 熟 ～と結婚する
▶ marriage《[マリッヂ]》 名 結婚

例文 113

She suddenly began to cry.

文法→ p.204 28

彼女は突然に泣き始めた。

508 **suddenly**
サドゥンリィ
[sʌ́dnli]

副 突然に

▶ sudden《サドゥン》 形 突然の

509 **begin**
ビギン
[bigín]

動 ～を始める，始まる

・活用 begin - began《ビギャン》 - begun《ビガン》

・3単現 begins [-z]

・反 end（～を終える）（p.195 例文174）

▶ beginning 名 初め

▶ begin ～ing 熟 ～し始める

▶ begin with ～ 熟 ～から始める

510 **begin to *do***
ビギン　トゥ

熟 ～し始める

▶ It began to rain.（雨が降りだした）

511 **cry**
クラィ
[krai]

動 泣く，大声を出す

・活用 cry - cried [-d] - cried

・3単現 cries [-z]

▶ cry for ～ 熟 ～を泣いて求める

例文 114

Remember to bring either a pen or a pencil.

文法→ p.204 28

忘れずに，ペンか鉛筆《えんぴつ》のどちらかを持ってきなさい。

512 □ **remember to *do***
リメンバァ　トゥ

熟 忘れずに～する

cf.→ remember（～を覚える）（p.254 例文 229）

＋プラス
remember to *do* が「忘れずに～する」とこれからすることを表すのに対し，「～したことを覚えている」と過去にしたことを表すのには，remember ～ing を使う。

513 □ **either**
イーザァ
[íːðər]

形 どちらか（一方）の，
（否定文のあとで）…もまた（～ない），
どちらでも

514 □ **either ～ or ...**
イーザァ　オー

熟 ～か…かどちらか

515 □ **pen**
ペン
[pen]

名 ペン

複数 pens [-z]

▶ a ballpoint pen（ボールペン）

516 □ **pencil**
ペンスゥ
[pénsl]

名 鉛筆

複数 pencils [-z]

▶ a letter written with a pencil（鉛筆書きの手紙）

例文 115

30

The American newscaster is also known as a great artist.

文法→ p.241 36

そのアメリカ人のニュースキャスターは，偉大な芸術家としても知られている。

517 **American**
アメリカン
[əmérikən]

形 アメリカ合衆国の，アメリカ人の

名 アメリカ人

複数 Americans [-z]

cf.→ America（アメリカ）（p.234 例文 213）

518 **newscaster**
ニューズキャスタァ 発
[njúːzkæstər]

名 ニュースを読む［解説する］人

複数 newscasters [-z]

519 **also**
オーゥソウ
[ɔ́ːlsou]

副 ～もまた

cf.→ not only ～ but also ...
熟 ～だけでなく，…もまた（p.220 例文 199）

520 **great**
グレイトゥ
[greit]

形 偉大な，巨大な，多大な

比較 great - greater - greatest [-ist]

▶ a great rock（巨大な岩）

521 **artist**
アーティストゥ
[ɑ́ːrtist]

名 芸術家

複数 artists [-ists]

cf.→ art 名 芸術（p.105 例文 90）

▶ Picasso is one of the greatest artists in the world.
（ピカソは世界で最も偉大な芸術家の１人です）

例文 116

There's not enough space for the piano beside the window.

文法➡ p.170 23

窓の脇《わき》には，ピアノを置く十分なスペースはない。

522 **space**
スペイス
[speis]

名 空間，場所，宇宙

複数 spaces [-iz]

▶ time and space（時間と空間）

▶ a parking space（駐車場）

▶ open spaces（空地）

523 **piano**
ピアノゥ
[piǽnou]

名 ピアノ

複数 pianos [-z]

▶ pianist 名 ピアニスト

▶ play the piano（ピアノを弾く）

▶ sing at the piano（ピアノを弾きながら歌う）

プラス

いろいろな楽器

violin（バイオリン），guitar（ギター），bass（ベース），organ（オルガン），drum（太鼓，ドラム），flute（フルート），trumpet（トランペット），horn（ホルン），saxophone[sax]（サキソフォン，サックス）など

524 **beside**
ビサイドゥ
[bisáid]

前 ～の近くに，～のそばに

例文 117

We will be able to take trips to the moon in the future.

私たちは将来，月に旅をすることができるだろう。

525 **we**《ウィ》 [wi]

代 私たちは

526 **moon**《ムーン》 [mu:n]

名 月

▶ a full moon（満月）

▶ a new moon（新月）

527 **future**《フューチャ》 [fjúːtʃər]

名 将来，未来

▶ present（現在）

▶ past（過去）

▶ look to the future（将来に期待を寄せる）

528 **in**《イン》 **the**《ザ》 **future**《フューチャ》

熟 将来

文法Check! 18 助動詞を2つ重ねたいとき

「～できるようになるだろう」と未来の可能性を表す場合，will《未来》 can《可能》（×）と助動詞を2つ重ねることはできません。そこで，canをbe able toにかえて，**will be able to**とします。このようにして，「**未来の可能**」を表すことができます。同様に，willとmustを重ねて「**未来の義務**」を表したいときは，**will have to**とします。

例文 11日

I was lucky to get such a high math score.

文法➡ p.206 30

こんなに高い数学の得点をとって，私はラッキーだった。

529 □ **lucky**《ラッキィ》 [lʌ́ki]

形 運がいい，幸運な

比較 lucky - luckier - luckiest [-ist]

▶ luck 名 運

▶ a lucky number（縁起のよい数字）

530 □ **such**《サッチ》 [sətʃ]

形 そのような

▶ such as ～ 熟 ～のような

▶ I have never seen such a beautiful sight.
（こんなに美しい景色は見たことがない）

531 □ **math**《マス》 [mæθ]

名 数学（mathematicsの略）

▶ study math（数学を勉強する）

▶ solve a math problem（数学の問題を解く）

532 □ **score**《スコー》 [skɔːr]

名 得点，スコア

複数 scores [-z]

▶ the highest score（最高点）

▶ the lowest score（最低点）

▶ an even score（同点）

例文 119

31

How will you spend Christmas Day?

文法 ➡ p.111 15

クリスマスはどのように過ごしますか？

533 □ **how**
ハウ
[hau]

副 どのように，どのくらい

▶ How much ～？ 熟 ～はいくらですか？

▶ How often ～？ 熟 何回～？

▶ How old ～？ 熟 何歳？

534 □ **will**
ウィゥ
[wil]

助 ～だろう（未来を表す），～するつもりだ

cf.➡ be going to *do*（～するつもりだ）（p.104 例文 89）

cf.➡ would（willの過去形）（p.194 例文 173）

535 □ **spend**
スペンドゥ
[spend]

動 ～を使う，～を過ごす

活用 spend - spent《スペントゥ》 - spent

3単現 spends [spendz]

▶ spend a lot of money on clothes
（服に大金をかける）

▶ spend an hour on my homework
（宿題に1時間かける）

536 □ **Christmas**
クリスマス
[krísməs]

名 クリスマス

▶ a white Christmas（雪の降るクリスマス）

▶ Christmas Eve（クリスマスイブ）

▶ a Christmas tree（クリスマスツリー）

▶ A merry Christmas to you!
（クリスマスおめでとう）

例文 120

How many kinds of life are there on land?

文法➡ p.170 23

地上には，どのくらいの種類の生物がいるのですか？

537 □ **How《ハウ》 many《メニ》 ～？**

熟 どのくらい（の多さ）～？

538 □ **kind**《カインドゥ》 [kaind]

名 種類

・複数 kinds [kaindz]

▶ a kind of ～ 熟 一種の～

539 □ **kind《カインドゥ》 of《オヴ》 ～**

熟 ～の種類

540 □ **life**《ライフ》 [laif]

名 生物，生命，人生

・複数 lives [laivz]

・反 death（死）

▶ respect for human life（人命の尊重）

▶ save his life（彼の命を救う）

541 □ **land**《ランドゥ》 [lænd]

名 陸，土地

・複数 lands [lændz]

・反 sea（海）（p.255 例文 230）

▶ public land（公有地）

動 着陸する

・活用 land - landed [-id] - landed

・3単現 lands [lændz]

・反 take off（離陸する）（p.73 例文 62）

542 □ **on《オン》 land《ランドゥ》**

熟 地上に

例文 121

I hope that the 21st century is the age of peace.

文法➡ p.163 22

21世紀は平和の時代であるとよいと思う。

---

543 **hope**《ホウプ》 [houp]

動 ～を望む，～を願う

・活用 hope - hoped [-t] - hoped

・3単現 hopes [-s]

名 希望，望み

・複数 hopes [-s]

544 **I hope (that) ～ .**《アイ ホウプ》

熟 ～だとよいと思う

545 **century**《センチェリィ》 [séntʃəri]

名 世紀

・複数 centuries [-z]

▶half a century（半世紀）

546 **age**《エイヂ》 [eidʒ]

名 時代，年齢

・複数 ages [-iz]

▶the computer age（コンピューター時代）

▶at the age of 15（15歳で）

547 **peace**《ピース》 [piːs]

名 平和

・反 war（戦争）（p.280 例文 255）

▶peaceful 形 平和な

▶a peace of 60 years（60年続いた平和）

例文 122

This necklace was in a box with a message from my father.

このネックレスは，父からのメッセージといっしょに箱に入っていた。

548 □ **necklace**
ネクレス
[nékləs]

名 ネックレス

▶ wear a necklace
（ネックレスをつけている）

549 □ **box**
バックス
[bɑks]

名 箱

複数 boxes [-iz]

▶ a lunch box（弁当箱）

▶ an empty box（あき箱）

550 □ **message**
メスィヂ
[mésidʒ]

名 伝言，メッセージ

複数 messages [-iz]

▶ receive a message（伝言を受け取る）

▶ send a message（伝言を送る）

551 □ **father**
ファーザァ
[fɑ́:ðər]

名 父

複数 fathers [-z]

同 dad（お父さん）（p.145 例文 130）

反 mother（母）（p.216 例文 195）

▶ Father's Day（父の日）

例文 123

32

Will you bring this big case into that gym?

文法→ p.111 15

この大きなケースを，あの体育館に持って来てくれますか？

552 **bring**
ブリング
[briŋ]

動 ～を持って来る

活用 bring - brought《ブロートゥ》 - brought

3単現 brings [-z]

▶ bring back 熟 ～を持って帰る

▶ bring up 熟 育てる

▶ bring about ～ 熟（変化・病気など）を引き起こす

▶ Will you bring me a glass of water?
（私に水を 1 杯持って来てくれませんか）

553 **case**
ケイス
[keis]

名 入れ物，ケース

複数 cases [-iz]

▶ a pencil case（筆入れ）

▶ a jewel case（宝石箱）

554 **into**
イントゥー
[íntuː]

前 ～の中へ

反 out of ～（～の外へ）

▶ dive into the sea（海へ飛びこむ）

555 **gym**
ヂム
[dʒim]

名 体育館（gymnasium《ヂムネイズィアム》の略）

▶ play basketball in the gym
（体育館でバスケットをする）

例文 124

Perhaps, he may change his mind.

たぶん，彼は気持ちを変えるかもしれない。

556 □ **perhaps**
パァハップス
[pərhǽps]

副 たぶん
同 probably（p.309 例文 284）
maybe

557 □ **may**
メイ
[mei]

助 ～かもしれない
▶May I ～？ 熟 ～してもいいですか？

558 □ **change**
チェインヂ
[tʃeindʒ]

動 ～を変える，～を交換する，乗りかえる
活用 change - changed [-d] - changed
3単現 changes [-iz]
▶change trains at Tokyo Station
（東京駅で列車を乗りかえる）

名 変化 複数 changes [-iz]

559 □ **mind**
マインドゥ
[maind]

名 気持ち，精神 複数 minds [maindz]
▶make up *one's* mind 熟 決心する

動 気にする
活用 mind - minded [-id] - minded
3単現 minds [maindz]

文法Check! 19 推量を表すmay

mayは「**～かもしれない**」という推量を表します。mayも助動詞なので，後ろには**動詞の原形**がきます。

例文 125

He gave up eating a lot for his health.

文法→ p.214 31

彼は健康のために，たくさん食べることをやめた。

560 **he**《ヒー》 [hiː]

代 彼は

561 **give**《ギヴ》 **up**《アップ》 **~**

熟 ～をあきらめる，～をやめる

▶ Never give up hope.（希望を捨てるな）

562 **eat**《イートゥ》 [iːt]

動 ～を食べる

・活用 eat - ate《エイトゥ》 - eaten《イートゥン》

・3単現 eats [iːts]

・同 have（～を食べる）（p.15 例文 4）

▶ eat and drink（飲み食いする）

▶ eat out 熟 外食する

563 **a**《ア》 **lot**《ラットゥ》

熟 たくさん

cf.→ a lot of～（たくさんの～）（p.35 例文 24）

564 **health**《ヘウス》 [helθ]

名 健康

▶ healthy 形 健康な

▶ be in good[bad] health 熟 健康である［ない］

▶ be out of health 熟 健康を害している

例文 126

The comedian ran to the station to catch the train for Scotland.

文法 ➡ p.206 30

そのコメディアンは，スコットランド行きの列車に間に合うように駅へ走った。

565 **comedian**
カミーデェン
[kəmí:diən]

名 コメディアン，芸人
・複数 comedians [-z]

566 **run**
ラン
[rʌn]

動 走る
・活用 run - ran《ラン》 - run《ラン》
・3単現 runs [-z]
cf.➡ runner 名 走者（p.231 例文 210）
▶ run away 熟 逃げる

567 **station**
ステイション
[stéiʃən]

名 駅
・複数 stations [-z]
▶ a bus station（バスターミナル）

568 **train**
トゥレイン
[trein]

名 電車
・複数 trains [-z]
▶ take a train 熟 電車に乗る

569 **Scotland**
スカットゥランドゥ
[skátlənd]

名 スコットランド
cf.➡ England（イングランド）（p.235 例文 214）

＋プラス

スコットランド
UK（グレートブリテンおよび北アイルランド連合王国）を構成する1つの地域。首都はエディンバラ（Edinburgh）。

例文 127

33

A terrible headache was killing me during P.E. class.

体育の授業の間，猛烈な頭痛が私をひどく参らせた。

570 **terrible**
テリブゥ
[térəbl]

形 恐ろしい，すごい，猛烈な

比較 terrible - more terrible - most terrible

▶terribly 副 ひどく

571 **headache**
ヘデイク
[hédeik]

名 頭痛

▶stomachache（胃痛，腹痛）

572 **kill**
キゥ
[kil]

動 ～を殺す，～をひどく参らせる

活用 kill - killed [-d] - killed

3単現 kills [-z]

▶kill time 熟 時間をつぶす

▶be killed（in ～） 熟 （事故・戦争などで）死ぬ

▶She was killed in the train accident.
（彼女は列車事故で亡くなった）

573 **during**
デュアリング
[djúriŋ]

前 ～の間ずっと

▶during my summer vacation（夏休みの間）

574 **P.E.**
ピーイー
[pí:í:]

名 体育（Physical Educationの略）

例文 128

Mr. Kato threw the umbrella away because he broke it.

加藤さんは傘《かさ》を壊《こわ》したので，それを捨てました。

575 **throw**
スロゥ
[θrou]

動 ～を投げる

活用 throw - threw - thrown《[スロウン]》

3単現 throws [-z]

▶ throw a ball（ボールを投げる）

▶ throw stones（石を投げる）

576 **umbrella**
アンブレラ
[ʌmbrélə]

名 傘

複数 umbrellas [-z]

577 **away**
アウェィ
[əwéi]

副 離れて

▶ take (～) away ～ 熟 ～を片づける，持ち去る

▶ go away 熟 去って行く

▶ far away 熟 遠く離れて

578 **throw (～) away ～**
スロゥ　アウェィ

熟 ～を捨てる

▶ Buy cheap goods and you throw money away.
（安物買いの銭失い）〔ことわざ〕

579 **break**
ブレイク
[breik]

動 ～を壊す

活用 break - broke《[ブロウク]》 - broken《[ブロウクン]》

3単現 breaks [-s]

▶ break *one's* leg（足を骨折する）

名 破壊，中断，休憩

▶ take a break 熟 休憩する

例文 129

Most houses in the country are built of wood.

文法➡ p.241 36

その国のほとんどの家が，木で建てられている。

580 □ **house**
ハウス
[haus]

名 家
複数 houses [háuziz] 発
▶ buy a house（家を買う）

581 □ **country**
カントゥリィ
[kʌ́ntri]

名 国，（theをつけて）田舎《いなか》
複数 countries [-z]
▶ developing countries（発展途上国）

582 □ **build**
ビゥドゥ
[bild]

動 ～を建てる
活用 build - built《[ビゥトゥ]》 - built
3単現 builds [bildz]
cf.➡ building 名 建物（p.200 例文 179）

583 □ **be built of ～**
ビ　ビゥトゥ　オヴ

熟 ～で建てられる
cf.➡ be made of ～（～でできている）（p.238 例文 217）

584 □ **wood**
ウッドゥ
[wud]

名 木材，森
複数 woods [wudz]
同 forest（森）（p.263 例文 238）
▶ wooden 形 木製の
cf.➡ tree（木）（p.16 例文 5）

例文 130

The doll's face looks like my dad.

文法 ➡ p.188 25

その人形の顔は，私のお父さんのようだ。

585 □ **doll**《ダゥ》 [dɑl]

名 人形 複数 dolls [-z]

▶ a paper doll（紙製の人形）

586 □ **face**《フェイス》 [feis]

名 顔 複数 faces [-iz]

▶ a beautiful face（美しい顔）

587 □ **look**《ルック》 [luk]

動 見る，～のように見える

活用 look - looked [-t] - looked

3単現 looks [-s]

▶ look at ～ 熟 ～を見る

▶ look after ～ 熟 ～の世話をする

▶ look for ～ 熟 ～を探す

▶ look out 熟 気をつける

▶ He looks young.（彼は若く見える）

588 □ **look**《ルック》 **like**《ライク》 **～**

熟 ～に似ている

589 □ **my**《マィ》 [mai]

代 私の

▶ my car（私の車）

590 □ **dad**《ダッドゥ》 [dæd]

名 お父さん 複数 dads [dædz]

同 father（父）（p.137 例文 122）

反 mom（お母さん）（p.31 例文 20）

例文 131

34

You must brush your teeth before going to sleep.

文法➡ p.149 20, p.214 31

寝る前に歯をみがかなければいけません。

591 □ **brush**
ブラッシュ
[brʌʃ]

動 みがく，ブラシをかける
活用 brush - brushed [-t] - brushed
3単現 brushes [-iz]
名 ブラシ
複数 brushes [-iz]

592 □ **tooth**
トゥース
[tu:θ]

名 歯
複数 teeth [ti:θ]
▶ have a bad tooth（虫歯がある）

593 □ **before**
ビフォー
[bifɔ́:r]

前 ～の前に
反 after（～のあとに）（p.116 例文101）
接 ～する前に
副 以前に

594 □ **sleep**
スリープ
[sli:p]

名 眠り，睡眠
動 眠る，寝る
活用 sleep - slept《[スレプトゥ]》 - slept
3単現 sleeps [-s]
▶ sleepy 形 眠い，眠そうな

595 □ **go to sleep**
ゴゥ トゥ スリープ

熟 寝る
同 go to bed

例文 132

You must not shout when you visit a shrine.

文法→ p.149 20

神社を訪れたら，大きな声を出してはいけない。

596 □ **must not**
マストゥ　ノットゥ

助 ～してはいけない
（短縮形は mustn't《マスントゥ》 発）

cf.→ must（～しなければならない）（p.114 例文 99）
have to *do*（～しなければならない）
（p.148 例文 133）

▶ You mustn't tell a lie.
（うそをついてはいけない）

597 □ **shout**
シャウトゥ
[ʃaut]

動 叫ぶ

・活用 shout - shouted [-id] - shouted
・3単現 shouts [ʃauts]

▶ shout for help（大声で助けを求める）

名 叫び声，大声

・複数 shouts [ʃauts]

598 □ **shrine**
シュライン
[ʃrain]

名 神社，聖堂

・複数 shrines [-z]

cf.→ temple（寺）（p.24 例文 13）
church（教会）（p.148 例文 133）

▶ Ise Grand Shrine（伊勢神宮）

例文 133

We have to set this statue on the grounds of the church.

文法➡ p.149 20

私たちは，教会の敷地《しきち》にこの像を置かなければならない。

599 **have to *do***
ハフ　トゥ

助 ～しなければならない

▶ don't have to *do*（～する必要がない）

cf.➡ must（～しなければならない）（p.114 例文 99）

cf.➡ must not ～（～してはいけない）（p.147 例文 132）

600 **set**
セットゥ
[set]

動 ～を置く

活用 set - set - set

3単現 sets [sets]

601 **statue**
スタチュー
[stǽtʃuː]

名 像

▶ the Statue of Liberty（自由の女神像）

602 **ground**
グラウンドゥ
[graund]

名 敷地，土地
（複数形で使われることが多い）

複数 grounds [graundz]

603 **church**
チャーチ
[tʃəːrtʃ]

名 教会

複数 churches [-iz]

cf.➡ temple（寺）（p.24 例文 13）

cf.➡ shrine（神社）（p.147 例文 132）

▶ go to church（教会へ礼拝に行く）

文法Check! 20 「～しなければならない」mustとhave to

助動詞mustとhave toは，どちらも「～しなければならない」という意味があります。「将来，～しなければならないだろう」のように，未来（will）と義務（must）の意味を重ねるときには，助動詞は並べて使うことができないので，mustをhave toでおきかえることがあります（文法➡ p.132 18）。しかし，単独で使われるときには2つのニュアンスは異なります。

mustは**話し手の意思・都合で「～しなければならない」**という意味になり，have toは**周りの状況のために「～しなければならない」**となります。

A. You **must** come here.
B. You **have to** come here.

Aは，話し手の意思で「あなたはここに来なければならない」と言っているのに対し，**B**は何らかの状況のために「あなたはここに来る必要がある」というニュアンスで使われています。

これらは，否定文にすると意味の違いがより鮮明になります。

C. You **must not** come here.
D. You **don't have to** come here.

Cは，話し手の意思で「あなたがここに来なければならなくはない」，つまり「あなたはここに来てはいけない」と**禁止**を述べているのに対して，**D**は，「あなたはここにくる必要がある状況ではない」，つまり「あなたはここに来る必要はない」と**不必要**を表しています。

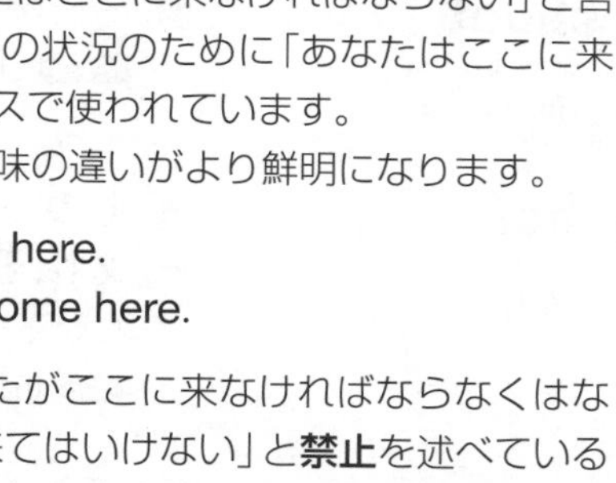

例文 134

I tried to shoot that gray bottle.

文法➡ p.204 28.

私はあの灰色のビンを撃《う》とうとした。

604 try
トラィ
[trai]

動 ～をやってみる

・活用 try - tried [-d] - tried

・3単現 tries [-z]

▶try ～ing 熟 ためしに～してみる

▶try on～ 熟 ～を試着する

605 try to *do*
トラィ トゥ

熟 ～しようとする

606 shoot
シュートゥ
[ʃu:t]

動 ～を撃つ ・活用 shoot - shot《ショットゥ》 - shot

・3単現 shoots [ʃu:ts]

607 that
ザットゥ
[ðæt]

形 あの, その

代 あれ, それ, (関係代名詞節で) ～する [である] (人・もの・こと)

cf.➡ those (あれら) (p.76 例文 65)

608 gray
グレィ
[grei]

形 灰色の

・比較 gray - grayer - grayest

名 灰色

▶a gray-haired man (白髪の多い男性)

609 bottle
バトゥ
[batl]

名 びん ・複数 bottles [-z]

▶a bottle of wine (ワイン1びん)

例文 135

35

Though he is a **good** man, Tom sometimes **forgets** his **promises**.

トムはよい男だが，ときどき約束を忘れる。

610 □ **though**
ゾウ
[ðou]

接 （～である）けれども

611 □ **good**
グッドゥ
[gud]

形 よい

・比較 good - better - best

・反 bad（悪い）（p.160 例文 144）

cf.➡ better（よりよい）（p.190 例文 169）
best（最もよい）（p.268 例文 243）

612 □ **forget**
フォゲットゥ
[fərgét]

動 ～を忘れる

・活用 forget - forgot《フォゴットゥ》 - forgot / forgotten《フォゴットゥン》

・3単現 forgets [-gets]

・反 remember（～を覚える）（p.254 例文 229）

▶ forget ～ing 熟 ～したことを忘れる

▶ don't forget to *do* 熟 忘れずに～する

613 □ **promise**
プラミス
[prámis]

名 約束 ・複数 promises [-iz]

動 約束する

・活用 promise - promised [-t] - promised

・3単現 promises [-iz]

▶ keep a promise（約束を守る）

▶ break a promise（約束を破る）

例文 136

Do you have enough time to gather some shells on the beach with me?

文法→ p.205 29

私と海岸で貝殻《かいがら》を集める十分な時間はありますか？

---

614 **enough**
イナフ
[inʌ́f]

形 十分な

副 十分に

▶ ... enough to *do* 熟 ～するのに十分な …

cf.→ enough ... to *do*
熟 ～するだけ十分に…（p.314 例文 289）

615 **time**
タイム
[taim]

名 時間，時，～回，～倍

・複数 times [-z]

▶ at that time 熟 そのとき

▶ in time 熟 間にあって

▶ many times 熟 何回も

616 **gather**
ギャザァ
[gǽðər]

動 ～を集める，集まる

・活用 gather - gathered [-d] - gathered

・3単現 gathers [-z]

617 **shell**
シェウ
[ʃel]

名 貝殻

・複数 shells [-z]

618 **beach**
ビーチ
[bi:tʃ]

名 海岸，砂浜

・複数 beaches [-iz]

▶ shore（波打ち際）

例文 137

Several members of the group were invited to the concert.

文法➡ p.233 35

グループの数人が，そのコンサートに招待された。

619 □ **several**
セヴェラゥ
[sévərəl]

形 いくつかの

▶ several days ago（数日前）

620 □ **member**
メンバァ
[mémbər]

名 メンバー

・複数 members [-z]

▶ a member of ～ 熟 ～の一員

621 □ **group**
グループ
[gruːp]

名 集団，グループ

・複数 groups [-s]

▶ a group of ～ 熟 一群の～

622 □ **invite**
インヴァイトゥ
[inváit]

動 ～を招待する

・活用 invite - invited [-id] - invited

・3単現 invites [-váits]

▶ invitation《インヴィティション》 名 招待，招待状

623 □ **concert**
カンサァートゥ
[kɑ́nsəːrt]

名 コンサート，音楽会

・複数 concerts [-səːrts]

例文 138

I don't want to climb such a dangerous mountain alone.

文法➡ p.204 28

私は1人でそんな危険な山に登りたくない。

624 **climb**
クライム
[klaim]

動 ～に登る

活用 climb - climbed [-d] - climbed

3単現 climbs [-z]

▶climb a tree（木によじ登る）

625 **dangerous**
デインヂャラス
[déindʒərəs]

形 危険な

比較 dangerous - more dangerous - most dangerous

反 safe（安全な）（p.60 例文 49）

▶a dangerous situation（危険な状況）

▶danger 名 危険（p.315 例文 290）

626 **mountain**
マウントゥン
[máuntn]

名 山

複数 mountains [-z]

cf.➡ Mt.（～山）（p.193 例文 172）

▶the top of the mountain（山の頂上）

627 **alone**
アロウン
[əlóun]

副 1人で

形 たった1人の

▶all alone 熟 ひとりぼっちで

例文 139

36

He was excited about the news from the police.

文法 ➡ p.233 35

彼は警察からの知らせに興奮した。

628
□ excited
イクサイティッドゥ
[iksáitid]

形 興奮した，わくわくした

▶ exite 動 興奮させる

cf.➡ exciting 形 興奮させる（p.157 例文 141）

629
□ be excited about ~
ビ イクサイティッドゥ アバウトゥ

熟 ～に興奮する，わくわくする

630
□ the
ザ
[ðə]

冠 その

▶ the sun（太陽）

＋プラス
子音で始まる語の前では[ðə ザ]，母音で始まる語の前では[ði ズィ]と発音する。

631
□ news
ニューズ 発
[nju:z]

名 知らせ，ニュース

▶ good news（よい知らせ）

▶ No news is good news.
（便りのないのはよい便り）〔ことわざ〕

632
□ police
パリース
[pəlí:s]

名 警察

cf.➡ police officer（警察官）（p.320 例文 295）

▶ a police car（パトカー）

例文 140

You should study geography to pass the exam.

文法➡ p.156 21, p.206 30

そのテストに合格するために，地理を勉強するべきだ。

633 **should**
シュッドゥ
[ʃud]

助 **〜するべきだ**（shallの過去形だが意味は現在）

cf.➡ shall（p.178 例文 158）

634 **study**
スタディ
[stʌ́di]

動 **〜を勉強する，研究する**

活用 study - studied [-d] - studied

3単現 studies [-z]

▶ study abroad（留学する）

名 **勉強，研究**

複数 studies [-z]

635 **geography**
ヂアグラフィ ア
[dʒiágrəfi]

名 **地理**

636 **exam**
イグザム
[igzǽm]

名 **テスト，試験**（examinationの略）

複数 exams [-z]

cf.➡ test（p.260 例文 235）

quiz（p.257 例文 232）

文法Check! 21 義務・必要を表すshould

shouldは「**〜すべきだ**」という義務・必要を表します。shouldは助動詞なので，後ろには**動詞の原形**がきます。

例文 141

My first plane flight to Paris was an exciting event.

私のパリへの初飛行は，わくわくさせる出来事だった。

637 **plane**
プレイン
[plein]

名 飛行機
複数 planes [-z]
同 airplane
▶travel by plane（飛行機で旅行する）

638 **flight**
フライトゥ 発
[flait]

名 飛行
複数 flights [flaits]
▶a direct flight（直行便）
▶a flight attendant（客室乗務員）

639 **Paris**
パリス
[pǽris]

名 パリ（フランスの首都）

640 **exciting**
イクサイティング
[iksáitiŋ]

形 興奮させる，わくわくさせる
比較 exciting - more exciting - most exciting
cf.→ excited 形 興奮した（p.155 例文139）

641 **event**
イヴェントゥ
[ivént]

名 出来事
複数 events [ivénts]
▶a happy event（幸せな出来事）

例文 142

Young people should go abroad to understand the size of the world.

文法➡ p.156 21, p.206 30

若者は，世界の大きさを理解するために海外に行くべきである。

642 **young**《ヤング》 発
[jʌŋ]

形 若い

- 比較 young - younger - youngest [-ist]
- 反 old（年をとった）（p.263 例文 238）
- ▶ a young child（幼い子ども）

643 **abroad**《アブロードゥ》 つ
[əbrɔ́ːd]

副 海外に，外国に

- 同 overseas（海外に）
- ▶ travel abroad（海外旅行をする）

644 **go**《ゴウ》 **abroad**《アブロードゥ》

熟 海外に行く

645 **understand**《アンダスタンドゥ》
[ʌndərstǽnd]

動 ～を理解する

- 活用 understand - understood《[アンダストゥッドゥ]》 - understood
- 3単現 understands [-stǽndz]

646 **size**《サイズ》
[saiz]

名 大きさ

- 複数 sizes [-iz]
- ▶ life size（実物大）

例文 143

37

We are looking forward to visiting the farm some day.

文法➡ p.214 31

私たちは，いつかその農場を訪れることを楽しみにしている。

647 □ **forward**《フォーワァドゥ》 [fɔ́ːrwərd]

副 前方へ，先へ

反 backward（後方へ）

648 □ **look**《ルック》 **forward**《フォーワァドゥ》 **to**《トゥ》 **~**

熟 ～を楽しみに待つ

（～には名詞・動名詞がくる）

▶ I'm looking forward to seeing you soon.
（あなたにまもなくお会いできるのを楽しみにしています）

649 □ **visit**《ヴィズィットゥ》 [vízit]

動 ～を訪れる

活用 visit - visited [-id] - visited

3単現 visits [-zits]

cf.➡ visitor 名 訪問者（p.172 例文 152）

名 訪問

複数 visits [-zits]

650 □ **farm**《ファーム》 [fɑːrm]

名 農場

複数 farms [-z]

cf.➡ farmer 名 農場経営者（p.301 例文 276）

▶ a milk farm（酪農場）

651 □ **some**《サム》 **day**《ディ》

熟 いつか

同 one day

例文 **144**

My wife got better, but I caught her bad cold.

文法→ p.188 25

妻は回復したが，私に彼女のひどい風邪《かぜ》がうつった。

652 **get**
ゲットゥ
[get]

動 ～を得る，～を手に入れる

活用 get - got《[ガットゥ]》 - got[gotten《[ガットゥン]》]

3単現 gets [gets]

653 **get well**
ゲットゥ　ウエゥ

熟 回復する

▶get better 熟 よりよくなる

654 **but**
バットゥ
[bət]

接 しかし

655 **cold**
コウゥドゥ
[kould]

名 風邪，寒さ

形 冷たい，寒い

比較 cold - colder - coldest [-ist]

反 heat（暑さ）（p.213 例文 **192**）

hot（熱い）（p.162 例文 **146**）

▶It's very cold today.（今日はとても寒い）

656 **catch a cold**
キャッチ　ア　コウゥドゥ

熟 風邪をひく

657 **bad**
バッドゥ
[bæd]

形 悪い，ひどい

比較 bad - worse《[ワース]》 - worst《[ワーストゥ]》

反 good（よい）（p.151 例文 **135**）

▶badly 副 悪く

▶That's too bad.（それはお気の毒に）

例文 145

I guess the cause of the fire in the drugstore will never be known.

文法▶ p.163 22, p.233 35

ドラッグストアの火事の原因は，決してわからないと推測します。

658 **guess**
ゲス
[ges]

動 ～を推測する，言い当てる
・活用 guess - guessed [-t] - guessed
・3単現 guesses [-iz]

659 **cause**
コーズ
[kɔːz]

名 原因，理由
・複数 causes [-iz]

動 ～の原因となる
・活用 cause - caused [-d] - caused
・3単現 causes [-iz]
▶ cause trouble（面倒を起こす）

660 **fire**
ファイア
[faiə*r*]

名 火事，火
・複数 fires [-z]
▶ catch fire（燃え始める）
▶ make a fire（火をおこす）
▶ a fire fighter（消防士）
▶ a fire station（消防署）
▶ There is no fire without smoke.
（火のないところに煙はたたぬ）〔ことわざ〕

661 **drugstore**
ドゥラッグストーァ
[drʌ́gstɔː*r*]

名 薬局，ドラッグストア
・複数 drugstores [-z]

例文 146

I ordered hot milk and apple pie.

私は，温かいミルクとアップルパイを注文した。

662 **order**

オーダァ

[ɔ́ːrdər]

動 ～を注文する

活用 order - ordered [-d] - ordered

3単現 orders [-z]

名 注文，命令，順序

複数 orders [-z]

▶ in order to *do* 熟 ～するために

663 **hot**

ハットゥ

[hɑt]

形 熱い，暑い，熱した

比較 hot - hotter - hottest [-ist]

反 cold（冷たい）（p.160 例文 144）

▶ hot food（温かい食べ物）

664 **milk**

ミゥク

[milk]

名 牛乳

▶ (as) white as milk（牛乳のように真っ白）

665 **apple**

アップゥ

[æpl]

名 りんご

複数 apples [-z]

▶ peel an apple（りんごの皮をむく）

▶ Big Apple

（ビッグアップル：アメリカのニューヨーク市の愛称）

666 **pie**

パイ

[pai]

名 パイ

▶ a slice of pie（パイ１切れ）

例文 147

38

The newspaper says that a big earthquake happened in that area.

新聞は，その地域で大きな地震《じしん》が起きた，と伝えている。

667
□ **newspaper**
ニューズペイパァ 発
[njúːzpeipər]

名 新聞　・複数 newspapers [-z]

▶ a morning newspaper（朝刊）

668
□ **big**
ビッグ
[big]

形 大きい

・比較 big - bigger - biggest [-ist]

・反 small（小さい）（p.19 例文8）

▶ a big voice（大声）

669
□ **earthquake**
アースクウェイク
[ə́ːrθkweik]

名 地震

・複数 earthquakes [-s]

670
□ **area**
エリア
[éəriə]

名 地域，場所　・複数 areas [-z]

▶ an industrial area（工業地域）

文法Check! 22 that＋S＋Vで「S＋Vということを」

動詞のあとに**that＋S**（主語）＋**V**（動詞）をおいて，「**S＋Vということを**～する」という意味で使います。たとえば，know that S＋V（S＋Vということを知っている），say that S＋V（S＋Vということをいう），think that S＋V（S＋Vということを考える）などがあります。このthatは，省略されることもあります。

例文 148

I'm glad a nurse in my hospital passed her driver's test.

文法➡ p.163 22

私は病院の看護師が，運転免許の試験に合格してうれしい。

671 **glad**
グラドゥ
[glæd]

形 うれしい

▶ be glad to *do* 熟 ～してうれしい

▶ I'm glad to see you.
（お会いできてうれしいです）

672 **nurse**
ナース
[nəːrs]

名 看護師

・複数 nurses [-iz]

▶ a male nurse（男性看護師）

＋プラス
いろいろな職業
carpenter（大工），lawyer（弁護士），office worker（事務員），vet（獣医），pilot（パイロット），barber（理髪師），fisherman（漁業従事者），florist（花屋）など

673 **pass**
パス
[pæs]

動 ～に合格する，～を手渡す，（時間が）過ぎる

・活用 pass - passed [-t] - passed

・3単現 passes [-iz]

674 **driver**
ドゥライヴァ
[dráivər]

名 運転手

・複数 drivers [-z]

cf.➡ drive 動 運転する（p.18 例文 7）

▶ a driver's license（運転免許証）

▶ a taxi driver（タクシーの運転手）

例文 149

I am sorry I hurt you at school.

文法➡ p.163 22

学校でああなたを傷つけてごめんなさい。

675 **sorry**《サリィ》
[sɑ́ri]

形 気の毒で，すまなく思って

▶ feel sorry for～ 熟 ～を気の毒に思う

▶ I'm sorry.（すみません）

676 **hurt**《ハートゥ》
[həːrt]

動 ～を傷つける，～の感情を傷つける

・活用 hurt - hurt - hurt

・3単現 hurts [həːrts]

cf.➡ injure（～にけがをさせる）（p.299 例文274）

形 けがをした，傷ついた

▶ get hurt（けがをする）

＋プラス

「傷つける」を表す語は，けがの程度が軽い順にhurt＜injure＜wound。物を破損する場合はdamageを使う。

677 **school**《スクーゥ》
[skuːl]

名 学校

・複数 schools [-z]

▶ enter school（学校に入学する）

▶ finish school（学校を卒業する）

678 **at school**《アットゥ スクーゥ》

熟 学校で

いっしょに覚える英単語2

スポーツ

□ baseball [ベイスボーゥ] [béisbɔːl]	野球
□ soccer [サカァ] [sákər]	サッカー
□ tennis [テニス] [ténis]	テニス
□ table tennis [テーブゥ テニス] [teible ténis]	卓球
□ volleyball [ヴァリボーゥ] [válibɔːl]	バレーボール
□ basketball [バスキットボーゥ] [bǽskitbɔːl]	バスケットボール
□ softball [ソーフトボーゥ] [sɔ́ːftbɔːl]	ソフトボール
□ swimming [スウィミング] [swímiŋ]	水泳
□ football [フットゥボーゥ] [fútbɔːl]	アメフト/サッカー
□ golf [ガゥフ] [gɑlf]	ゴルフ
□ skiing [スキーイング] [skíːiŋ]	スキー
□ skate [スケイトゥ] [skeit]	スケート
□ ice hockey [アイス ハッキィ] [ais háki]	アイスホッケー
□ fencing [フェンスィング] [fénsiŋ]	フェンシング
□ rugby [ラグビィ] [rʌ́gbi]	ラグビー
□ cricket [クリキットゥ] [kríkit]	クリケット
□ surfing [サーァフィン] [sə́ːrfiŋ]	サーフィン

教科

□ English [イングリッシュ] [íŋgliʃ]	英語	□ Japanese [ヂャパニーズ] [dʒæpəní:z]	国語
□ mathematics [マセマッティクス] [mæθəmǽtiks]	数学	□ science [サイエンス] [sáiəns]	理科
□ social studies [ソウシャゥ スタディズ] [sóuʃəl stʌ́diz]	社会科	□ home economics [ホウム エコナミクス] [houm ekənɑ́miks]	家庭科
□ P.E.※ [ピーイー] [pí:í:]	体育	□ fine arts [ファイン アーツ] [fáin ɑ:rts]	美術
□ music [ミューズィック] [mjú:zik]	音楽	□ history [ヒスタリ] [hístəri]	歴史
□ geography [ヂアグラフィ] [dʒiɑ́grəfi]	地理	□ art [アートゥ] [ɑ:rt]	芸術

※ P.E. はPhysical Educationの略。

からだ

□ head [ヘッドゥ] [hed]	頭	□ hair [ヘア] [heər]	髪
□ face [フェイス] [feis]	顔	□ eye [アイ] [ai]	目
□ ear [イア] [iər]	耳	□ nose [ノウズ] [nouz]	鼻
□ mouth [マウス] [mauθ]	口	□ tooth [トゥース] [tu:θ]	歯
□ tongue [タン] [tʌŋ]	舌	□ cheek [チィーク] [tʃi:k]	頬
□ throat [スロウトゥ] [θrout]	のど	□ neck [ネック] [nek]	首
□ body [バディ] [bádi]	胴体	□ back [バック] [bæk]	背中
□ shoulder [ショウダァ] [ʃóuldər]	肩	□ arm [アーム] [ɑ:rm]	腕
□ hand [ハンドゥ] [hænd]	手	□ finger [フィンガァ] [fíŋgər]	指
□ leg [レッグ] [leg]	脚	□ foot [フットゥ] [fut]	足

色

☐ red [レッドゥ] [red]	赤	☐ blue [ブルー] [blu:]	青
☐ black [ブラック] [blæk]	黒	☐ white [(フ)ワイトゥ] [hwait]	白
☐ green [グリーン] [gri:n]	緑	☐ yellow [イエロウ] [jélou]	黄色
☐ brown [ブラウン] [braun]	茶色	☐ pink [ピンク] [piŋk]	ピンク
☐ gray[grey] [グレィ] [grei]	灰色	☐ orange [オーリンヂ] [ɔ́:rindʒ]	オレンジ
☐ rose [ローズ] [rouz]	ばら色	☐ purple [パープゥ] [pə́:rpl]	紫

生き物

☐ dog [ドーグ] [dɔ:g]	イヌ	☐ cat [キャットゥ] [kæt]	ネコ
☐ bird [バードゥ] [bə:rd]	鳥	☐ rabbit [ラビットゥ] [rǽbit]	ウサギ
☐ mouse [マウス] [maus] / rat [ラットゥ] [ræt]	ネズミ	☐ frog [フローグ] [frɔ:g]	カエル
☐ turtle [タートゥ] [tə́:rtl]	カメ	☐ snake [スネイク] [sneik]	ヘビ
☐ horse [ホース] [hɔ:rs]	ウマ	☐ sheep [シープ] [ʃi:p]	ヒツジ
☐ cow [カウ] [kau]	乳牛	☐ chicken [チキン] [tʃíkən]	鶏
☐ pig [ビッグ] [pig]	ブタ	☐ donkey [ダンキィ] [dáŋki]	ロバ
☐ crow [クロウ] [krou]	カラス	☐ fox [ファックス] [fæks]	キツネ
☐ wolf [ウゥフ] [wulf]	オオカミ	☐ monkey [マンキィ] [mʌ́ŋki]	サル
☐ bear [ベァ] [beər]	クマ	☐ tiger [タイガァ] [táigər]	トラ
☐ lion [ライアン] [láiən]	ライオン	☐ elephant [エレファントゥ] [éləfənt]	ゾウ
☐ panda [パンダァ] [pǽndə]	パンダ	☐ koala [コウアーラァ] [kouá:lə]	コアラ
☐ whale [(フ)ウェイゥ] [hweil]	クジラ	☐ dolphin [ダゥフィン] [dálfin]	イルカ

STAGE 3

→ 例文 150～224

→ 単語 679～1038

→ CD 39～57

→ 文法Check! 23～36

例文 150

39

There is a long line in front of the museum.

博物館の前には，長い列がある。

679 **There《ゼア》 is《イズ》 ～ .**

熟 ～がある（There＋be動詞）

cf.→ Here is ～ .（ここに～がある）
（p.192 例文171）

680 **long《ローング》**

[lɔːŋ]

形 長い

・比較 long - longer - longest [-ist]

・反 short（短い）（p.211 例文190）

▶ a long journey（長旅）

681 **line《ライン》**

[lain]

名 線，列

・複数 lines [-z]

682 **in《イン》 front《フラントゥ》 of《オヴ》 ～**

熟 ～の前に

・反 behind（～の後ろに）（p.31 例文20）

cf.→ front（前部）（p.44 例文33）

683 **museum《ミューズィーアム》**

[mjuːzíːəm]

名 博物館

・複数 museums [-z]

▶ the British Museum（大英博物館）

▶ a science museum（科学博物館）

文法Check! 23 There is [are] ～で「～がある [いる]」

何かが存在することを表すときに，この表現を使います。～が単数なら**is**，複数なら**are**を使い，過去形では**was[were]**にします。

例文 151

The party was over when I reached his home.

私が彼の家に着いたとき，そのパーティーは終わった。

684 □ **party**《パーティ》
[pá:rti]

名 パーティー
複数 parties [-z]
▶ a birthday party（誕生日パーティー）
▶ have a party（パーティーを開く）

685 □ **be over**《ビ　オウヴァ》

熟 終わる
cf. over 副 終わって（p.76 例文 65）

686 □ **when**《(フ)ウエン》
[*h*wen]

接 ～するとき
副 いつ

687 □ **reach**《リーチ》
[ri:tʃ]

動 ～に着く，～に達する
活用 reach - reached [-t] - reached
3単現 reaches [-iz]
同 arrive at ～（p.55 例文 44）
get to ～（p.285 例文 260）

688 □ **home**《ホウム》
[houm]

名 家庭，家
複数 homes [-z]
▶ away from home（家を離れて）
▶ There is no place like home.
（わが家にまさる所なし）〔ことわざ〕

副 わが家に
▶ go home（家に帰る）
▶ on *one's* way home 熟 家に帰る途中に

例文 152

Many visitors were interested in the shape of the house.

文法→ p.241 [36]

多くの訪問客は，その家の形に興味があった。

689 **visitor**
ヴィズィタァ
[vízitər]

[名] 訪問者，来客

・複数 visitors [-z]

cf.→ visit [動] 訪れる（p.159 例文 143）

guest（客）（p.176 例文 156）

▶ a visitor from Korea（韓国からの訪問者）

＋プラス

日本語の「客」にあたる語は，visitor（訪問者）のほか，guest（招待された客），customer（商店などの客），client（弁護士などの依頼人）など。

690 **interested**
イントゥレスティッドゥ
[íntrəstid]

[形] 興味を持った

▶ interest [名] 興味

[動] ～に興味を持たせる

cf.→ interesting [形] 興味深い（p.93 例文 78）

691 **be interested in ～**
ビ　イントゥレスティッドゥ イン

[熟] ～に興味がある

692 **shape**
シェイプ
[ʃeip]

[名] 形，姿，状態

・複数 shapes [-s]

▶ be in good shape [熟] 体の調子がいい

▶ The clock is quite unusual in shape.
（その時計は形がとても変わっている）

例文 153

In my opinion, this practice was fine.

私の意見では，この練習はまずまずだった。

693 □ **opinion**《オピニョン》
[əpíniən]

名 意見

複数 opinions [-z]

▶ a strong opinion（強い意見）

▶ public opinion（世論）

▶ control public opinion（世論を操作する）

▶ express an opinion（意見を述べる）

694 □ **in**《イン》 **my**《マィ》 **opinion**《オピニョン》

熟 私の意見では

695 □ **practice**《プラクティス》
[prǽktis]

名 練習，実行

複数 practices [-iz]

▶ a practice game（練習試合）

▶ Practice makes perfect.
（習うより慣れよ）〔ことわざ〕

動 練習する

活用 practice - practiced [-t] - practiced

3単現 practices [-iz]

696 □ **fine**《ファイン》
[fain]

形 すばらしい，良く晴れた，
元気な，まずまずの

比較 fine - finer - finest [-ist]

▶ a fine actor（すばらしい俳優）

▶ a fine day（天気の良い日）

例文 154

40

Thank you for cleaning up the kitchen.

文法➡ p.214 31

キッチンを掃除《そうじ》してくれてありがとう。

697 **thank**
サンク
[θæŋk]

動 ～に感謝する

活用 thank - thanked [-t] - thanked

3単現 thanks [-s]

▶thank you 熟 ありがとう

698 **thank you for ～**
サンク　ユー　フォー

熟 ～をありがとう

▶Thank you for inviting me.
（ご招待ありがとう）

699 **clean**
クリーン
[kliːn]

動 ～をきれいにする，～を掃除する

活用 clean - cleaned [-d] - cleaned

3単現 cleans [-z]

形 きれいな，清潔な

比較 clean - cleaner - cleanest [-ist]

700 **clean up**
クリーン　アップ

熟 ～を掃除する，かたづける

701 **kitchen**
キチン
[kítʃən]

名 キッチン，台所

複数 kitchens [-z]

プラス

ダイニングキッチンは和製英語。kitchenは食事やその他の家事をする場所のこと。

例文 155

She realized that some students told lies.

文法➡ p.163 22

彼女は，数人の生徒がうそをついていると気づいていた。

702 **realize**
リーアライズ
[rí:əlaiz]

動 ～を認識する，～を悟《さと》る，～を実現する

活用 realize - realized [-d] - realized

3単現 realizes [-iz]

703 **some**
サム
[səm]

形 いくつかの，一部の

代 いくらか，いくつか

cf.➡ any（いくらかの）（p.124 例文 109）

▶ some of ～ 熟 いくつ［何人］かの～

704 **student**
ステュードゥントゥ
[stjú:dnt]

名 学生

複数 students [-dnts]

▶ a good student（できの良い学生）

▶ a student at Harvard（ハーバード大学の学生）

705 **lie**
ライ
[lai]

名 うそ

複数 lies [-z]

▶ a black lie（悪意のあるうそ）

▶ a white lie（罪のないうそ）

▶ tell a lie（うそをつく）

動 うそをつく

活用 lie - lied [-d] - lied

3単現 lies [-z]

例文 156

Is there anything sweet to serve the guest?

文法→ p.170 [23]

お客さんに出す，何か甘いものはありますか？

706
anything
エニスィング
[éniθiŋ]

代 （疑問文で）**何か，**
（否定文で）**何も，**（肯定文で）**何でも**

▶ She doesn't know anything about the news.（彼女はそのニュースについて何も知りません）

cf.→ something（何か）（p.99 例文 84）

707
sweet
スウィートゥ
[swiːt]

形 **甘い，香りの良い**

比較 sweet - sweeter - sweetest [-ist]

反 bitter（苦い）

▶ taste sweet（甘い味がする）

名 **キャンディ，お菓子**

複数 sweets [swiːts]

708
serve
サーヴ
[səː*r*v]

動 **～のために働く，（飲食物）を出す**

活用 serve - served [-d] - served

3単現 serves [-z]

▶ serve *one's* community
（地域のために働く）

709
guest
ゲストゥ
[gest]

名 **客**

複数 guests [gests]

反 host（〔客をもてなす〕主人，主催者）

cf.→ visitor（訪問者）（p.172 例文 152）

▶ invited guests（招待客）

例文 157

Just a moment, I will be back right away.

文法➡ p.111 15

ちょっと待ってください，すぐに戻ります。

710
moment《モウメントゥ》
[móumənt]

名 瞬間，時

複数 moments [-mənts]

▶ at the same moment（同時に）

▶ stop for a long moment（長い間動きを止める）

▶ I'll be there in a moment.
（しばらくそこにいます）

▶ Wait a moment.（ちょっと待って）

711
just《ジャストゥ》 a《ア》 moment《モウメントゥ》

熟 ちょっと待ってください

712
back《バック》
[bæk]

副 後ろへ，帰って

▶ get back 熟 戻る

形 奥の

▶ back teeth（奥歯）

名 後部，背中

複数 backs [-s]

反 front（前部）（p.44 例文33）

▶ at the back of ～ 熟 ～の後ろに

▶ Write your name on the back of the envelope.（封筒の裏に自分の名前を書きなさい）

713
right《ライトゥ》 away《アウェイ》

熟 すぐに

例文 158

41

If he comes back soon, shall we go shopping?

もし彼がすぐに帰ってくれば，買い物に行きませんか？

714 **if**《イフ》 [if]

接 もし～なら

▶even if ～ 熟 たとえ～だとしても

715 **come**《カム》 **back**《バック》

熟 戻る，帰る

▶go back 熟 戻る，帰る

716 **shall**《シャウ》 [ʃəl]

助 ～だろう，しましょうか

cf.→ should（p.156 例文 140）

717 **Shall**《シャウ》 **we**《ウィ》 **～?**

熟 いっしょに～しませんか？

▶Shall I ～? 熟 私が～しましょうか？

718 **go**《ゴウ》 **～ing**《イング》

熟 ～しに行く

▶go fishing（釣りに行く）

▶go swimming（泳ぎに行く）

719 **shopping**《シャッピング》 [ʃápiŋ]

名 買い物，ショッピング

cf.→ shop 動 買い物をする（p.17 例文 6）

文法Check! 24 if＋S＋Vで「もしS＋Vすれば」

〈if＋S＋V〉で「**もしS＋Vすれば**」という条件を表します。例文 158のように，**未来のことを表す文であっても**，ifのグループのVは**現在形**を使います。

例文 159

The interpreter encouraged me to do a homestay in Hawaii.

文法 ➡ p.204 28

その通訳は，私にハワイでホームステイをするよう促した。

720 □ **interpreter**
インタープリタァ 発
[intə́ːrpritər]

名 通訳(者)　複数 interpreters [-z]
▶ interpret《[インタープリトゥ]》 動 ～を通訳する

721 □ **encourage**
インカーリッヂ
[inkə́ːridʒ]

動 ～を励《はげ》ます，～を勇気づける，～を促《うなが》す
活用 encourage - encouraged [-d] - encouraged
3単現 encourages [-iz]

722 □ **encourage ... to *do***
インカーリッヂ　トゥ

熟 (人)に～するよう勇気づける[促す]
▶ The teacher encouraged his students to ask questions.（先生は生徒たちに質問するよう促した）

723 □ **do**
ドゥ
[du]

動 ～をする
活用 do - did《[ディドゥ]》 - done《[ダン]》
3単現 does [dəz]
▶ do *one's* homework（宿題をする）

助 一般動詞の疑問文・否定文を作る

724 □ **homestay**
ホウムスティ
[hóumstei]

名 ホームステイ

725 □ **Hawaii**
ハワイィ
[həwáii]

名 ハワイ（アメリカの１つの州）
▶ Hawaiian 形 ハワイの，ハワイ人[語]の
名 ハワイ人，ハワイ語

プラス
太平洋にある諸島で，1959年にアメリカの50番目の州となった。州都はハワイ島のホノルル(Honolulu)。

STAGE 3

例文 160

We could feel the nation's tradition in their daily activities.

文法→ p.118 16

私たちは人々の日常活動の中に，その国の伝統を感じることができた。

726 □ **could**
●●●
クッドゥ
[kəd]

助 ～できた（canの過去形）

cf.→ can 助 ～できる（p.25 例文14）

727 □ **feel**
●●●
フィーウ
[fiːl]

動 ～を感じる，～と感じる

・活用 feel - felt《フェゥトゥ》 - felt

・3単現 feels [-z]

▶ feeling 名 感情，意見

728 □ **nation**
●●●
ネイション
[néiʃən]

名 国家，国民

・複数 nations [-z]

cf.→ national 形 国家の（p.38 例文27）

729 □ **tradition**
●●●
トラディション
[trədíʃən]

名 伝統 ・複数 traditions [-z]

▶ traditional《トラディショナゥ》 形 伝統的な

▶ an old tradition（古い伝統）

730 □ **daily**
●●●
デイリィ
[déili]

形 日常の

▶ daily life（日常の生活）

731 □ **activity**
●●●
アクティヴィティ
[æktívəti]

名 活発，活動

・複数 activities [-iz]

▶ active《アクティヴ》 形 活動的な，積極的な

▶ club activities（クラブ活動）

▶ social activities（社会活動）

例文 161

The best way to master English is to read a textbook aloud again and again.

文法 ➡ p.204 28, p.205 29

英語を習得する最もよい方法は，何度も教科書を音読することだ。

732 **way**
ウェイ
[wei]

名 方法，道，方向
- 複数 ways [-z]
- ▶ by the way 熟 ところで

733 **master**
マスター
[mǽstər]

動 ～を習得する
- 活用 master - mastered [-d] - mastered
- 3単現 masters [-z]

734 **read**
リードゥ
[ri:d]

動 ～を読む
- 活用 read - read《レッドゥ》 [red] - read [red] 発
- 3単現 reads [ri:dz]
- ▶ read a newspaper（新聞を読む）
- ▶ read a map（地図を読む）

735 **textbook**
テクストゥブック
[tékstbuk]

名 教科書 複数 textbooks [-s]
- ▶ an English textbook（英語の教科書）

736 **aloud**
アラウドゥ
[əláud]

副 声を出して

737 **read ～ aloud**
リードゥ アラウドゥ

熟 ～を音読する

738 **again and again**
アゲイン アンドゥ アゲイン

熟 何度も

例文 162

42

He appears to be surprised at the strict laws of this town.

文法→ p.241 36

彼は，この町の厳しい規則に驚《おどろ》いているように見える。

739 **appear**
アピァ
[əpíər]

動 現れる，見えてくる
- 活用 appear - appeared [-d] - appeared
- 3単現 appears [-z]
- 反 disappear（見えなくなる）（p.275 例文 250）

740 **appear to *do***
アピァ　トゥ

熟 ～ように見える，思える

741 **surprised**
サプライズドゥ
[sərpráizd]

形 驚いた
- ▶ surprise《[サプライズ]》 動 ～を驚かす
- cf.→ surprising 形 驚くべき（p.295 例文 270）

742 **be surprised at ～**
ビ　サプライズドゥ　アットゥ

熟 ～に驚く
- ▶ be surprised to *do* 熟 ～して驚く

743 **strict**
ストゥリクトゥ
[strikt]

形 厳しい，厳重な
- 比較 strict - stricter - strictest [-ist]
- ▶ He is strict with his son.（彼は息子に厳しい）

744 **law**
ロー
[lɔː]

名 法律，規則
- 複数 laws [-z]
- ▶ pass a law（法律を通過させる）

745 **town**
タウン
[taun]

名 町
- 複数 towns [-z]
- cf.→ city（都市）（p.227 例文 206）

例文 163

The enemy was arrested for making atomic bombs in Russia in the movie.

文法➡ p.214 31, p.233 35

その映画の中で敵は，ロシアで核爆弾を作り逮捕された。

746 **enemy**
エネミィ
[énəmi]

名 敵
・複数 enemies [-z]
・反 friend（味方）（p.260 例文 235）

747 **arrest**
アレストゥ
[ərést]

動 ～を逮捕する
・活用 arrest - arrested [-id] - arrested
・3単現 arrests [ərésts]
▶ Police arrested the thief.
（警察はどろぼうを逮捕した）

748 **atomic**
アタミク
[ətámik]

形 原子力の，原子の
▶ atom《[アトム]》 名 原子
cf.➡ nuclear（核の）（p.242 例文 221）

749 **bomb**
バム 発
[bam]

名 爆弾
・複数 bombs [-z]

750 **Russia**
ラシア
[rʌ́ʃə]

名 ロシア
▶ Russian《[ラシャン]》 形 ロシア人［語］の
名 ロシア人［語］

＋プラス
ヨーロッパ東部からアジア北部にまたがる連邦共和国。首都はモスクワ(Moscow)。公用語はロシア語。

例文 164

How long will you stay in this village?

文法→ p.111 15

この村にどのくらい滞在《たいざい》しますか？

---

751 □ **How long ～?**
ハウ　ロング

熟 どのくらい（の期間）～？

＋プラス
「何回くらい」と「回数」や「頻度《ひんど》」をたずねる場合は，howのあとにoftenを用いて，How often~?とする。

752 □ **stay**
スティ
[stei]

動 滞在する，とどまる

活用 stay - stayed [-d] - stayed

3単現 stays [-z]

▶ stay in bed（寝ている）

▶ stay with ～　熟 ～の家に泊まる

名 滞在

▶ during my stay in Canada（カナダ滞在中に）

753 □ **stay in ～**
スティ　イン

熟 ～に滞在する，～に泊《と》まる

754 □ **village**
ヴィリッヂ
[vílidʒ]

名 村

複数 villages [-iz]

▶ a village life（村の生活）

▶ a farming village（農村）

＋プラス
「町」はtown（p.182 例文162），「都市」はcity（p.227 例文206）という。

例文 165

Most of the students in Japan study English in high school.

日本のほとんどの学生は，高校で英語を勉強する。

755 **most**《モウストゥ》
[moust]

代 大部分

形 最も多くの（many, muchの最上級），ほとんどの

反 fewest, least（最も少ない）

副 最も，いちばん（muchの最上級）

反 least（最も少なく）

756 **most**《モウストゥ》 **of**《オヴ》 **～**

熟 ほとんどの～

▶ Most of her novels are best sellers.
（ほとんどの彼女の小説はベストセラーだ）

757 **Japan**《チャパン》
[dʒəpǽn]

名 日本

cf. Japanese 名 日本人［語］（p.116 例文101）
形 日本（人［語］）の

758 **high**《ハイ》 **school**《スクーゥ》

名 高校

cf. junior high school（中学校）（p.31 例文20）

プラス

アメリカの義務教育の開始年齢やその期間は，州によって異なる。また，日本のように小学校６年，中学校３年と定められているわけではなく，州や学校区によってその形態は異なる。

例文 166

43

What happened? You seem a bit sad.

文法➡ p.188 25

どうしたの？　少し悲しそうに見えるよ。

759 □ **happen**
ハップン
[hǽpən]

動 起こる

- 活用 happen - happened [-d] - happened
- 3単現 happens [-z]
- ▶ happening《[ハプニング]》 名 できごと，事件
- ▶ happen to *do* 熟 偶然〜する
- ▶ What happened?（どうしたの？）

760 □ **seem**
スィーム
[siːm]

動 〜のように思われる

- 活用 seem - seemed [-d] - seemed
- 3単現 seems [-z]
- 同 sound（p.118 例文 103）

761 □ **bit**
ビットゥ
[bit]

名 （aをつけて）ちょっと

762 □ **sad**
サドゥ
[sæd]

形 悲しい

- 比較 sad - sadder - saddest [-ist]
- ▶ sadly 副 悲しげに
- ▶ feel sad（悲しくなる）
- ▶ a sad tale（悲しい物語）

例文 167

My grandmother sent this nice present to me.

文法→ p.195 26

祖母は私に，このすてきなプレゼントを送ってくれた。

763 **grandmother**
グラン（ドゥ）マザァ
[grǽndmʌðər]

名 祖母
- 複数 grandmothers [-z]
- 同 grandma（おばあちゃん）（p.54 例文 43）
- 反 grandfather（祖父）（p.308 例文 283）
- cf.→ grandparent（祖父，祖母）（p.233 例文 212）

764 **send**
センドゥ
[send]

動 ～を送る
- 活用 send - sent《[セントゥ]》 - sent
- 3単現 sends [sendz]
- 反 receive（受け取る）（p.258 例文 233）
- ▶send an email（Eメールを送る）
- ▶send a letter（手紙を送る）

765 **nice**
ナイス
[nais]

形 すてきな，よい，親切な
- 比較 nice - nicer - nicest [-ist]
- ▶a nice time（すてきな時間）

766 **present**
プレゼントゥ
[prézənt]

名 プレゼント
- 複数 presents [-zents]
- 同 gift（p.230 例文 209）
- ▶Christmas present（クリスマスプレゼント）

動 ～を贈《おく》る [prizént]《[プリゼントゥ]》 ア
- 活用 present - presented [-id] - presented
- 3単現 presents [-zénts]

文法Check! 25 〈A is B.→A=B〉と「〜をVする」の文

1 〈A is B.→A=B〉

A is B.は**A=B**を表しています。**be**動詞以外にも，**look**（〜のように見える）や**seem**（〜のように思われる），**become**（〜になる），**sound**（〜のように聞こえる）などの動詞が，この形をつくります。

例文166は，You seem a bit sad.「少し悲しそうに思われる」と
（You＝A，a bit sad＝B）
なります。そのほか，下の例文のように使われます。

A. He **looks** happy.〔He = happy〕（彼は幸せそうだ）
B. She **became** a doctor.〔She = a doctor〕（彼女は医者になった）

2 「〜をVする」

buy the clothes（服を買う）のように，「**〜を**」にあたる語（目的語）を必要とする動詞があります。このタイプの動詞はとても多く，**study**（〜を勉強する）や**have**（〜を持っている），**know**（〜を知っている）などがあります。

例文167は，sent this nice present「このすてきなプレゼント
（sent＝Vする，this nice present＝〜を）
を送った」となります。そのほか，下の例文のように使われます。

C. I study English.　（私は英語を勉強する）
D. I have a car.　（私は車を持っています）

「ごはんを食べる」なら，
「ごはん」は「食べる」の
目的語。

例文 168

Electricity and gas are not free so don't waste them.

電気とガスはただではないから，むだ使いするな。

767 **electricity**
イレクトゥリスィティ
[ilektrísəti]

名 電気
▶ electric《イレクトゥリック》 形 電気の

768 **gas**
ギャス
[gæs]

名 ガス，気体
cf.→ natural gas（p.279 例文 254）
▶ light the gas（ガスをつける）

769 **free**
フリー
[friː]

形 自由な，無料の，ひまな
・比較 free - freer - freest [-ist]
・反 busy（忙しい）（p.272 例文 247）
cf.→ freedom 名 自由（p.199 例文 178）
▶ freely《フリーリィ》 副 自由に
▶ a free ticket for the concert
（コンサートのただのチケット）
▶ I will be free tomorrow.（明日私はひまだ）

770 **waste**
ウェイストゥ
[weist]

動 ～をむだ使いする
・活用 waste - wasted [-id] - wasted
・3単現 wastes [weists]

名 むだ（使い）

＋プラス
「ウエスト，腰のくびれ部分」を表すwaistと同じ発音。

例文 169

Which do you like better, cheese or sausage?

文法→ p.223 33

チーズとソーセージ，どちらがより好きですか？

771 □ **which**
(フ)ウィッチ
[*h*witʃ]

代 どちら，どれ，
(関係代名詞で)～する［である］(もの・こと・動物)

形 どちらの

772 □ **better**
ベター
[bétə*r*]

副 よりよく (wellの比較級)

形 よりよい (goodの比較級)

▶ My father is much better today.
(父はきょうはずっと具合がよくなっています)

773 □ **cheese**
チーズ
[tʃiːz]

名 チーズ 複数 cheeses [-iz]

プラス
チーズはふつうは数えられない名詞なので，「2つのチーズ」というときは，a piece of ～を使ってtwo pieces of cheeseとする。

774 □ **sausage**
ソ(ー)スィヂ
[sɔ́(ː)sidʒ]

名 ソーセージ
複数 sausages [-iz]

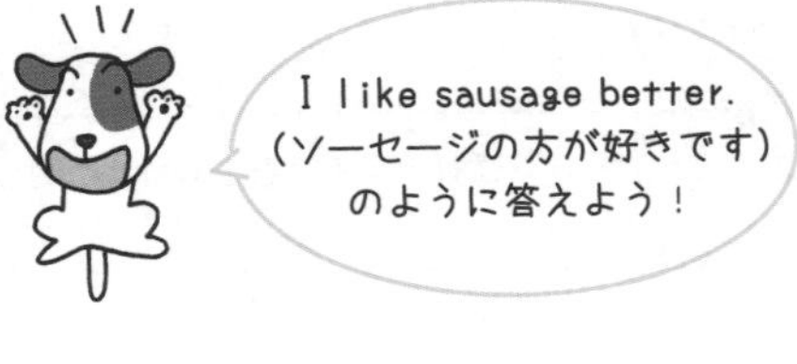

例文 170

44

Don't worry. I'll return to the office with an airline ticket by eight o'clock.

文法 ➡ p.111 15

心配しないで。8時までには，航空券を持って会社に戻ります。

775 □ **worry**
ワーリィ
[wə́ːri]

動 〜を心配させる，心配する
- 活用 worry - worried [-d] - worried
- 3単現 worries [-iz]
- ▶ worry about 〜 熟 〜について心配する

776 □ **return**
リターン
[ritə́ːrn]

動 帰る，〜を戻す
- 活用 return - returned [-d] - returned
- 3単現 returns [-z]
- ▶ return from Tokyo to Osaka
（東京から大阪に帰る）

777 □ **office**
オーフィス
[ɔ́ːfis]

名 会社，事務所
- 複数 offices [-iz]
- cf. ➡ branch office（支社）（p.69 例文 58）
- ▶ a post office（郵便局）

778 □ **airline**
エアライン
[éərlain]

名 航空会社
- 複数 airlines [-z]

779 □ **ticket**
ティキットゥ
[tíkit]

名 切符，乗車券，入場券
- 複数 tickets [-kits]
- ▶ a ticket for Hiroshima（広島行きの切符）

780 □ **eight**
エイトゥ
[eit]

名 8，8人
形 8の，8人の

例文 171

Here is a pocket map of the zoo.

これが，その動物園のポケット地図です。

781 □ **Here**《ヒア》 **is**《イズ》 **～.**

熟 ここに～がある（Here + be動詞）

cf. There is～.（～がある）（p.170 例文 150）

▶ Here are some dogs.
（ここに何匹かイヌがいます）

プラス
There is ～.（～がある）は，どこにあるかまでは示さないが，Here is ～.は「ここに」と場所も示している。

782 □ **pocket**《パキットゥ》
[pákit]

名 ポケット

複数 pockets [-kits]

▶ a jacket's inside pocket（上着の内ポケット）

783 □ **map**《マップ》
[mæp]

名 地図

複数 maps [-s]

▶ see a map（地図を見る）

▶ a road map（道路地図）

▶ draw a map（地図を描く）

784 □ **zoo**《ズー》
[zuː]

名 動物園

複数 zoos [-z]

▶ go to the zoo（動物園に行く）

▶ We went to Ueno Zoo to see a giant panda.（私たちは上野動物園にパンダを見に行った）

例文 172

An international music festival was held at the foot of Mt. Fuji.

文法➡ p.233 35

国際音楽祭が，富士山のふもとで開かれた。

785 **an**
アン
[æn]

冠 (母音の発音で始まる語について) **1つ [1人] の**
(たいていは訳さない)
同 a (p.42 例文 31)

786 **international**
インタァナショナゥ
[intərnǽʃənəl]

形 **国際的な**
▶ international law (国際法)
▶ international trade (国際貿易)

787 **festival**
フェスティバゥ
[féstəvəl]

名 **祭り，～祭**
▶ Cannes Film Festival
(カンヌ国際映画祭)

788 **foot**
フットゥ
[fut]

名 **足，フィート** (長さの単位)
複数 feet (p.24 例文 13)

プラス
footは足首から下の部分をいう。太もものつけねから下全体 (または足首まで) を表すには，legを使う。

789 **at the foot of ～**
アットゥ ザ　フットゥ オヴ

熟 **～のふもとに [で]**

790 **Mt.**
マウントゥ 発
[maunt]

名 **～山** (Mountの略で，山の名の前につける)
▶ Mt.Everest (エベレスト山)

例文 173

I would like to know your favorite poem.

私はあなたのお気に入りの詩が知りたい。

791 **would**《ウッドゥ》 [wəd]

助 ～するだろう，したものだ

（willの過去形）

cf→ will（p.134 例文119）

▶ Would you ～？

熟（～していただけませんか，しませんか）

792 **would like to *do***　would《ウッドゥ》 like《ライク》 to《トゥ》

熟 ～したい

（want to *do*よりもていねいな表現）

プラス
I would はI'dと短縮形にできる。

793 **favorite**《フェイヴァリットゥ》 発 [féivərit]

形 お気に入りの，大好きな

▶ my favorite music（私の大好きな音楽）

名 最も好きなもの，大好物

複数 favorites [-vərits]

▶ What is your favorite singer?
（あなたのお気に入りの歌手はだれですか）

794 **poem**《ポウエム》 [póuəm]

名 詩

複数 poems [-z]

▶ poetry 名（集合的に）詩

▶ poet 名 詩人

▶ write a poem（詩を書く）

例文 174

45

In the end he gave me medicine.

ついに，彼は私に薬を出してくれた。

795
end《エンドゥ》
[end]

名 終わり　・複数 ends [endz]

動 ～を終える，終わる

・活用 end - ended [-id] - ended

・3単現 ends [endz]

・反 begin（～を始める）（p.128 例文 113）

796
in《イン》 **the**《ズィ》 **end**《エンドゥ》

熟 ついに，最後には

797
me《ミ(ー)》
[mi(:)]

代 私に，私を

798
medicine《メディスン》
[médəsən]

名 薬，医学

・複数 medicines [-z]

▶ a medicine for the cold（風邪薬）

▶ take medicine（薬を飲む）

▶ the field of medicine（医学の分野）

文法Check! 26 〈give A B〉で「AにBを与える」

give her《A》 a present《B》「彼女にプレゼントをあげる」のように，「～に…を」と**2つの目的語を必要とする動詞**があります。**give** A B（AにBを与える）や**send** A B（AにBを送る），**teach** A B（AにBを教える），**tell** A B（AにBを伝える），**make** A B（AにBを作る）などです。

STAGE 3

例文 175

We <u>are</u> <u>responsible</u> <u>for</u> <u>keeping</u> Mt. Fuji clean.

私たちには，富士山をきれいにしておく責任がある。

799 **responsible**
リスパンスィブゥ
[rispánsəbl]

形 責任がある

▶ responsibility 名 責任

▶ a responsible job（責任の重い仕事）

▶ a sense of responsibility（責任感）

800 **be responsible for ~**
ビ　リスパンスィブゥ　フォー

熟 ～に責任がある

801 **keep**
キープ
[kiːp]

動 ～を保持する，
～を…（のまま）にしておく

・活用 keep - kept《[ケプトゥ]》 - kept

・3単現 keeps [-s]

▶ keep (on) ~ing 熟 ～し続ける

▶ keep off ~ 熟 ～に近寄らない

▶ keep out ~ 熟 ～を締《し》め出す

文法Check! 27 〈keep A B〉で「AをBの状態に保つ」

keep <u>my room</u> <u>clean</u>「部屋をきれいにしておく」のように，あ
　　　　A　　　B
とに2つの要素を必要とする動詞があります。giveの仲間は「AにBをVする」でしたが，これは「**A=B**だとVする」となります。例文175は，「Mt. Fuji=cleanだとkeepする」→「富士山をきれいな状態に保つ」となります。このタイプの動詞はほかに，**make** A B（AをBにする），**name** A B（AをBと名づける），**call** A B（AをBと呼ぶ）などがあります。

例文 176

Today's waves are low, so we can swim in safety.

今日の波は低い，だから安全に泳ぐことができる。

802 □ **today**
テディ
[tədéi]

名 今日

cf.→ yesterday（昨日）（p.18 例文 7）
tomorrow（明日）（p.122 例文 107）

▶ today's plan（今日の予定）

副 今日（は）

▶ It's very cold today.（今日はとても寒い）

803 □ **wave**
ウェイヴ
[weiv]

名 波

・複数 waves [-z]

動 ～を振《ふ》る

・活用 wave - waved [-d] - waved

・3単現 waves [-z]

▶ wave a flag（旗を振る）

804 □ **low**
ロウ
[lou]

形 低い

・比較 low - lower - lowest [-ist]

・反 high（高い）（p.76 例文 65）

▶ a low tree（低木）

805 □ **safety**
セイフティ
[séifti]

名 安全

・反 danger（危険）（p.315 例文 290）

cf.→ safe 形 安全な（p.60 例文 49）

▶ in safety 熟 安全に，無事に

STAGE 3

例文 177

I am fond of the flavor of chocolate ice cream.

私はチョコレートアイスクリームの風味が好きだ。

806 **fond**《ファンドゥ》
[fɑnd]

形 好意的な
比較 fond - fonder - fondest [-ist]

807 **be**《ビ》 **fond**《ファンドゥ》 **of**《オヴ》 **~**

熟 ～が好きである
同 like（p.268 例文243）
love（p.107 例文92）
▶ My uncle is fond of children.
（おじは子どもが好きだ）

808 **flavor**《フレイヴァ》
[fléivər]

名 風味，香味料　複数 flavors [-z]
動 ～に味つけする
活用 flavor - flavored [-d] - flavored
3単現 flavors [-z]

809 **chocolate**《チァコリットゥ》
[tʃɑ́kəlit]

名 チョコレート　複数 chocolates [-lits]
▶ a bar of chocolate（板チョコ）

810 **ice**《アイス》
[ais]

名 氷
▶ iceberg 名 氷山
▶ a piece of ice（1片の氷）

811 **cream**《クリーム》
[kriːm]

名 クリーム　複数 creams [-z]

812 **ice**《アイス》 **cream**《クリーム》

名 アイスクリーム　複数 ice creams [-z]

例文 178

46

We should know more about the value of freedom of choice.

文法➡ p.156 21

私たちは，選択の自由の重要性をもっと知るべきだ。

813
□ **value**
ヴァリュー
[vǽljuː]

名 価値

複数 values [-z]

▶ market value（市場価値［価格］）

▶ the value of exercise（運動の重要性）

▶ traditional values（伝統的価値）

814
□ **freedom**
フリーダム
[fríːdəm]

名 自由

複数 freedoms [-z]

cf.➡ free 形 自由な（p.189 例文168）

▶ freedom of speech（言論の自由）

▶ academic freedom（学問の自由）

815
□ **choice**
チョイス
[tʃɔis]

名 選択

複数 choices [-iz]

cf.➡ choose（選ぶ）（p.39 例文28）

▶ individual choices（各自の選択）

▶ a right choice（正しい選択）

▶ make a careful choice（慎重な選択をする）

例文 179

Every employee has to show their identity card to enter this building.

文法 → p.149 20

すべての従業員は，この建物に入るために，身分証明書を見せなければならない。

816 **employee**
インプロイイー ア
[implɔiíː]

名 従業員
複数 employees [-z]
反 employer（雇い主）
▶ employ 動 ～を雇う
▶ a government employee（国家公務員）

817 **show**
ショウ
[ʃou]

動 ～を示す，～を見せる
活用 show - showed - shown《[ショウン]》
3単現 shows [-z]

818 **their**
ゼァ
[ðər]

代 彼らの

819 **identity**
アイデンティティ
[aidéntəti]

名 同一人［物］，身元
複数 identities [-z]

820 **identity card**
アイデンティティ　カードゥ

名 身分証明書（＝ID card）
複数 identity cards [-kɑːrdz]

821 **enter**
エンタァ
[éntər]

動 ～に入る
活用 enter - entered [-d] - entered
3単現 enters [-z]

822 **building**
ビゥディング つ
[bíldiŋ]

名 建物　複数 buildings [-z]
cf. build 動 ～を建てる（p.144 例文 129）
▶ a public building（公共の建物）

例文 180

There are quite a few animals on the earth.

文法→ p.170 23

地球上には，かなり多くの動物がいる。

823 **few**《フュー》 [fjuː]

形 ほとんどない

- 比較 few - fewer - fewest [-ist]
- 反 many（多くの）（p.103 例文88）
- ▶a few ～ 熟 少しの～，少しはある

＋プラス
数えられる名詞の複数形と用いられる。数えられない名詞には little「少しの」を用いる。

824 **quite**《クワイトゥ》 **a**《ア》 **few**《フュー》

熟 かなり多く（の）

- 同 not a few
- cf.→ quite（かなり）（p.286 例文261）

825 **animal**《アニムゥ》 [ǽnimәl]

名 動物

- 複数 animals [-z]
- ▶animal therapy（アニマルセラピー）

826 **earth**《アース》 [әːrθ]

名 （しばしば the をつけて）地球

- ▶on earth 熟（疑問詞を強調して）いったい
- ▶What on earth did you say to her?
（いったい彼女に何と言ったの？）

827 **on**《オン》 **the**《ズィ》 **earth**《アース》

熟 地球（上）に

例文 181

Prices will not drop for a while.

文法➡ p.111 15

当分の間，物価は下がらないだろう。

828 **price**《プライス》
[prais]

名 価格，値段，物価

複数 prices [-iz]

▶ high[low] price（高［低］価格）

▶ raise prices（値段を上げる）

▶ set a price（価格をつける）

▶ the price of milk（牛乳の値段）

829 **not**《ナットゥ》
[nɑt]

副 ～ない

▶ not ～ but ... 熟 ～ではなく…

830 **drop**《ドラップ》
[drɑp]

動 落ちる，～を落とす

活用 drop - dropped [-t] - dropped

3単現 drops [-s]

名 しずく

複数 drops [-s]

▶ a drop of rain（雨粒）

831 **for**《フォー》 **a**《ア》 **while**《(フ)ワイゥ》

熟 しばらくの間
（for は省略されることがある）

cf.➡ while（〔短い〕時間）（p.97 例文 82）

▶ Just wait (for) a while.（ちょっと待って）

例文 182

47

When I painted the wall white, my neighbor was beating the drums loudly.

私が壁を白く塗っていたとき，隣人は太鼓《たいこ》を騒々しくたたいていた。

832 **paint**
ペイントゥ
[peint]

動 ～にペンキを塗る，～を描く
・活用 paint - painted [-id] - painted
・3単現 paints [peints]

名 ペンキ，絵の具
・複数 paints [peints]

833 **wall**
ウォーウ
[wɔːl]

名 壁，塀
・複数 walls [-z]

834 **white**
(フ)ワイトゥ
[*h*wait]

形 白い
・比較 white - whiter - whitest [-ist]
▶ white teeth（白い歯）

名 白
・反 black（黒）（p.123 例文 108）

835 **beat**
ビートゥ
[biːt]

動 ～をたたく，打つ
・活用 beat - beat - beat [beaten]
・3単現 beats [-ts]

836 **drum**
ドゥラム
[drʌm]

名 ドラム，太鼓
・複数 drums [-z]

837 **loudly**
ラウドゥリ
[láudli]

副 うるさく，騒々しく
・比較 loudly - more loudly - most loudly
cf.➡ loud 動 声・音が大きい（p.275 例文 250）

例文 183

My dream is to become a scientist.

私の夢は，科学者になることだ。

838 **dream**
ドリーム
[driːm]

名 夢　・複数 dreams [-z]

▶ have a dream（夢を見る）

▶ My dream has come true.（夢が実現した）

動 夢を見る

・活用 dream - dreamed [-d] - dreamed

・3単現 dreams [-z]

839 **become**
ビカム
[bikʌ́m]

動 ～になる

・活用 become - became《ビケイム》 - become《ビカム》

・3単現 becomes [-z]

プラス

becomeのあとには，例文のような名詞か形容詞がくる。

My sister became sick.（妹は病気になった）
（sick：形容詞）

840 **scientist**
サイエンティストゥ
[sáiəntist]

名 科学者　・複数 scientists [-tists]

cf.➡ science 名 科学（p.63 例文 52）

文法Check! 28 to不定詞で，「～すること」を表す

〈**to＋動詞の原形**〉（**to不定詞**）で，「**～すること**」と名詞の働きをすることがあります。例文183は，**to become** a scientist「科学者に**なること**」という意味になります。これは動名詞（文法➡ p.214 31）と働きが同じですが，wantやwish, hope, planなどの目的語にはto不定詞しかなれません。to不定詞のこの用法を，**名詞的用法**といいます。

例文 184

You have plenty of time to make a final decision.

あなたには，最終決断をするためのたくさんの時間があります。

841 □ **plenty**《プレンティ》 [plénti]

名 たくさん，多量

842 □ **plenty of ~**《プレンティ オヴ》

熟 たくさんの～

▶ plenty of books（たくさんの本）

843 □ **make**《メイク》 [meik]

動 ～を作る，～を…にする

活用 make - made - made

3単現 makes [-s]

844 □ **final**《ファイナゥ》 [fáinəl]

形 最終の，最終的な

cf.➡ finally 副 ついに（p.217 例文196）

▶ the final stage（最終段階）

845 □ **decision**《ディスィジョン》 [disíʒən]

名 決定，決意　複数 decisions [-z]

cf.➡ decide 動 ～を決める（p.119 例文104）

▶ make a decision（決定する）

文法Check! 29 to不定詞で，前の名詞を説明する

to不定詞で，**直前の名詞を説明する**働きがあります。例文184では，timeを**to make a final decision**が説明しており，「最終決定を**するための**時間」となります。これを**形容詞的用法**といい，「**～するための**」という意味になります。

例文 185

My uncle went into the store to buy some toys for his baby.

私のおじは彼の赤ん坊におもちゃを買うために，その店に入った。

846 **uncle**
アンクゥ
[ʌ́ŋkl]

名 おじ

・複数 uncles [-z]

・反 aunt（おば）（p.85 例文 74）

847 **go into ～**
ゴゥ　イントゥ

熟 ～に入る

848 **toy**
トィ
[tɔi]

名 おもちゃ，玩具《がんぐ》

・複数 toys [-z]

▶ play with a toy（おもちゃで遊ぶ）

849 **baby**
ベイビィ
[béibi]

名 赤ん坊

・複数 babies [-z]

▶ a healthy baby（健康な赤ん坊）

▶ The baby is crying in the bed.
（赤ん坊がベッドで泣いている）

文法Check! 30 to不定詞で，理由などを表す

to不定詞で，**理由・目的を表す**ことがあります。例文185は，**to buy some toys**「いくつかおもちゃを買う**ために**」となります。これを**副詞的用法**といい，「**～するために**」という意味になります。

例文 186

48

The history teacher said, "The period of World War Ⅱ was very dark."

歴史の先生は,「第二次世界大戦の期間はとても暗かった」と言った。

850 **history**
ヒストゥリィ
[hístəri]

名 歴史

・複数 histories [-z]

▶ a history teacher (歴史の先生)

▶ History repeats itself.
(歴史はくり返す)〔ことわざ〕

851 **period**
ピアリアドゥ
[píəriəd]

名 期間, ピリオド

・複数 periods [-ədz]

▶ for a short period (短期間)

852 **World War Ⅱ**
ワールドゥ ウォーァ トゥー

名 第二次世界大戦 (1939-1945)

cf.➡ war (戦争) (p.280 例文 255)

853 **dark**
ダーク
[dɑː*r*k]

形 暗い, 濃い

・比較 dark - darker - darkest [-ist]

・反 light (明るい) (p.245 例文 224)

▶ a dark night (闇《やみ》夜)

▶ a dark brown suit (濃い茶色の背広)

名 暗やみ

STAGE 3

例文 187

We are willing to support you in your effort to stop global warming.

cf.→ p.204 28, p.205 29

私たちは喜んで，あなたの地球温暖化を止める努力を支持する。

---

854 **willing**《ウィリング》
[wíliŋ]

形 ～してもかまわない，進んでする

855 **be**《ビ》 **willing**《ウィリング》 **to**《トゥ》 ***do***

熟 ～する意思がある

▶ I am willing to help you.
（私はいつでもあなたのお手伝いをします）

856 **support**《サポートゥ》
[səpɔ́ːrt]

動 ～を支援する，～を支持する，～を養う

活用 support - supported [-id] - supported

3単現 supports [-pɔ́ːrts]

▶ He supports a large family.
（彼は大家族を養っている）

▶ supporter 名 支持者，（サッカーチームなどの）サポーター，ファン

名 支持，援助

複数 supports [-pɔ́ːrts]

857 **global**《グロウバゥ》 **warming**《ウォーミング》

名 地球温暖化

cf.→ global 形 地球の（p.80 例文 69）
warm 形 暖かい（p.54 例文 43）

例文 188

In fact, both Bill and Jenny attended the lesson.

実際は，ビルとジェニーの両方が授業に出席しました。

858 **fact**《ファクトゥ》 [fækt]

名 事実

・複数 facts [fækts]

▶ an important fact（重要な事実）

859 **in fact**《イン ファクトゥ》

熟 実際は

860 **both**《ボウス》 [bouθ]

形 両方の

代 両方とも

▶ Both of my sisters can speak English.
（私の姉［妹］は２人とも英語が話せます）

861 **both**《ボウス》 **~ and**《アンドゥ》 **...**

熟 ～と…の両方とも

▶ She can both speak and write Spanish.
（彼女はスペイン語を話すことも書くこともできる）

862 **attend**《アテンドゥ》 [əténd]

動 ～に出席する

・活用 attend - attended [-id] - attended

・3単現 attends [əténdz]

▶ attend the meeting（会議に出席する）

863 **lesson**《レスン》 [lésən]

名 授業，レッスン，習い事

・複数 lessons [-z]

例文 **189**

She bought furniture from a foreign country for me in this department store.

彼女はこのデパートで，私に外国の家具を買ってくれた。

864 □ **furniture**《ファーニチュア》 [fə́ːrnitʃər]

名 家具

▶ have little furniture（家具が少ししかない）

プラス
furnitureは数えられない名詞なので，数えるときは a piece of ～を使ってtwo pieces of furniture（2つの家具）のようにする。

865 □ **foreign**《フォーリン》 [fɔ́ːrən]

形 外国の

▶ foreigner 名 外国人

▶ foreign countries（外国）

▶ foreign trade（外国貿易）

866 □ **for**《フォー》 [fər]

前 ～のために，～に向かって，～を支持して

反 against（～に反対して）（p.231 例文 210）

867 □ **buy**《バイ》 **～ for**《フォー》**...**

熟 ～を…に買う

プラス
buyは，2つの目的語を必要とする動詞の仲間（文法➡ p.195 26）。この仲間の動詞で2番目の目的語を先にいうときは，forやtoを使う。
buy A B → buy B for A

868 □ **department**《ディパートゥメントゥ》 **store**《ストーア》 [dipáːrtmənt stɔːr]

名 デパート，百貨店

複数 department stores [-z]

例文 190

49

We will take a short rest at the end of class.

文法→ p.111 15

授業の終わりには，私たちは短い休憩《きゅうけい》を取るだろう。

869
short
ショートゥ
[ʃɔːrt]

形 短い，背の低い
- 比較 short - shorter - shortest [-ist]
- 反 long（長い）（p.170 例文150）
  tall（背の高い）（p.90 例文75）
- ▶be short of ～ 熟 ～が足りない

870
rest
レストゥ
[rest]

名 休憩，休み，休息
- ▶a day of rest（安息日）

動 休息する
- 活用 rest - rested [-id] - rested
- 3単現 rests [rests]

871
take a rest
テイク ア レストゥ

熟 休む，休息する

872
at the end of ～
アットゥ ズィ エンドゥ オヴ

熟 ～の終わりに

873
class
クラス
[klæs]

名 授業，学級
- 複数 classes [-iz]
- ▶after class（授業後に）
- ▶attend class（授業に出る）

STAGE 3

例文 191

Many photographers left for that state to take pictures.

文法 ➡ p.206 30

多くの写真家が，写真をとるためにあの州に出発した。

874 **photographer**
ファタグラファ ア
[fətágrəfər]

名 写真家

複数 photographers [-z]

▶ photo《フォウトウ》 / photograph《フォウトグラフ》 名 写真 発

875 **leave**
リーヴ
[liːv]

動 ～を去る，出発する，
～をおき忘れる

活用 leave - left《レフトゥ》 - left

3単現 leaves [-z]

▶ I leave home at seven o’clock every day.
（私は毎日７時に家を出る）

876 **leave for ～**
リーヴ フォー

熟 ～に出発する

反 arrive at ～（～に到着する）（p.55 例文 44）
get to ～（～に到着する）（p.285 例文 260）
reach（～に着く）（p.171 例文 151）

877 **state**
ステイトゥ
[steit]

名 州，国，状態

複数 states [steits]

▶ There are fifty states in the U.S.A.
（アメリカ合衆国には50の州がある）

878 **picture**
ピクチャ
[píktʃər]

名 絵，写真

複数 pictures [-z]

879 **take a picture**
テイク ア ピクチャ

熟 写真をとる

例文 192

The heat of the sun is an important resource for human beings.

太陽の熱は，人類にとって重要な資源である。

880 □ **heat**
ヒートゥ
[hiːt]

名 熱，暑さ
・複数 heats [hiːts]
・反 cold（寒さ）（p.160 例文 144）
▶ in the heat of summer（夏の暑いときに）

881 □ **sun**
サン
[sʌn]

名 （theをつけて）太陽，日差し
▶ a weak sun（弱い日差し）
▶ The sun rises in the east.
（太陽は東からのぼる）

882 □ **resource**
リーソース
[ríːsɔːrs]

名 資源
・複数 resources [-iz]
▶ save resources（資源を節約する）

883 □ **human**
ヒューメン
[hjúːmən]

形 人間の，人間らしい
▶ human feelings（人間らしい感情）

884 □ **human being**
ヒューメン ビーング

名 人，人間，人類
・複数 human beings [-z]

例文 193

The singer on the stage stopped smiling.

そのステージ上の歌手は，ほほえむことをやめた。

885 **singer**《スィンガァ》 [síŋər]

名 歌手　複数 singers [-z]

▶ a good singer（歌のうまい人）

cf. sing 動 歌う（p.275 例文250）

886 **stage**《ステイヂ》 [steidʒ]

名 ステージ，段階

複数 stages [-iz]

887 **stop**《スタップ》 [stɑp]

動 ～を止める，～を中断する

活用 stop - stopped [-t] - stopped

3単現 stops [-s]

888 **stop**《スタップ》 **～ing**《イング》

熟 ～することをやめる

889 **smile**《スマイゥ》 [smail]

動 ほほえむ

活用 smile - smiled [-d] - smiled

3単現 smiles [-z]

cf. laugh（笑う）（p.52 例文41）

名 ほほえみ　複数 smiles [-z]

▶ with a smile 熟 ほほえみながら

文法Check! 31 動名詞はdoing

動詞の原形に**ing**のついた**動名詞**は，「**～すること**」という意味を表します。働きは**to**不定詞の名詞的用法と似ていますが，**stop**，**finish**，**enjoy**，**give up**などの動詞の目的語には，動名詞しかなれません。**stop**の後ろに**to**不定詞がきた場合，それは副詞的用法で「～するために立ちどまる」の意味です。（cf. p.206 30）

例文 194

50

My hobby is watching professional volleyball on TV.

文法➡ p.214 31

私の趣味は，テレビでプロのバレーボールを見ることです。

890
□ **hobby**
ハビィ
[hábi]

名 趣味

・複数 hobbies [-z]

▶Do you have any hobbies?
（趣味を何かお持ちですか）

891
□ **professional**
プロフェッシュナゥ
[prəféʃənəl]

形 プロの，職業の

▶a professional person（専門職の人）

892
□ **volleyball**
ヴァリボーゥ
[válibɔːl]

名 バレーボール

893
□ **on TV**
オン　ティーヴィー

熟 テレビで

cf.➡ TV（テレビ）（p.93 例文 78）

stop eatingは
「食べることをやめる」，
stop to eatなら
「食べるために
立ちどまる」だよ！

例文 195

I needed a telephone to communicate with my mother, but I didn't have one.

文法→ p.205 29

私は母と連絡をとるために電話が必要だったが，持っていなかった。

894
need
ニードゥ
[niːd]

動 ～を必要とする

活用 need - needed [-id] - needed

3単現 needs [niːdz]

895
telephone
テレフォウン
[téləfoun]

名 電話

複数 telephones [-z]

同 phone（p.57 例文 46）

cf.→ cell phone（携帯電話）（p.217 例文 196）

896
communicate
コミューニケイトゥ
[kəmjúːnikeit]

動 意思を伝え合う，～を伝える

活用 communicate - communicated [-id] - communicated

3単現 communicates [-keits]

▶communication 名 コミュニケーション

897
communicate with ~
コミューニケイトゥ ウィズ

熟 ～と連絡をとる

898
mother
マザァ
[mʌ́ðər]

名 母親

複数 mothers [-z]

同 mom（お母さん）（p.31 例文 20）

反 father（父親）（p.137 例文 122）

例文 196

Finally, he developed a new cell phone.

ついに，彼は新しい携帯電話を開発した。

899 **finally**《ファイナリィ》
[fáinəli]

副 ついに，最終的に

同 at last（ついに）（p.33 例文 22）

cf.➡ final 形 最終の（p.205 例文 184）

900 **develop**《ディヴェロップ》
[divéləp]

動 ～を開発する，発達する

活用 develop - developed [-t] - developed

3単現 develops [-s]

▶ develop the character（性格を伸ばす）

▶ develop the natural resources
（天然資源を開発する）

901 **new**《ニュー》
[njuː]

形 新しい

比較 new - newer - newest [-ist]

反 old（古い）（p.263 例文 238）

▶ new information（新情報）

▶ a new song（新曲）

902 **cell**《セゥ》 **phone**《フォウン》 発
[sél foun]

名 携帯電話

複数 cell phones [-z]

同 mobile phone

cf.➡ phone（電話）（p.57 例文 46）

telephone（電話）（p.216 例文 195）

▶ carry a cell phone（携帯電話を持ち歩く）

例文 197

There are hundreds of ancient heritages in Italy.

文法→ p.170 23

イタリアには何百もの古代遺産がある。

903 □ **hundred**
ハンドゥレッドゥ
[hʌ́ndrəd]

名 100
・複数 hundreds [-drədz]
cf.→ million（100万）（p.28 例文17）
▶ thousand（1000）

904 □ **hundreds of ～**
ハンドゥレッヅ　オヴ

熟 数百の～
cf.→ millions of ～（何百万の～）（p.28 例文17）

905 □ **ancient**
エインシュントゥ
[éinʃənt]

形 古代の，昔の
・比較 ancient - more ancient - most ancient
・反 modern《[マダン]》 [mádərn]（現代の）

906 □ **heritage**
ヘレティッヂ
[hérətidʒ]

名 遺跡，財産（ふつう単数形で用いる）
・複数 heritages [-z]
▶ World Heritage（世界遺産）
▶ cultural heritage（文化遺産）

907 □ **Italy**
イタリィ
[ítəli]

名 イタリア
▶ Italian 名 イタリア人［語］
形 イタリアの，イタリア人［語］の

プラス
ヨーロッパ南部の共和国。国内に40を超える世界遺産がある。首都はローマ（Rome）で，公用語はイタリア語。

例文 198

51

The worker filled the bucket with cool water.

その労働者は，バケツを冷たい水でいっぱいにした。

908 □ **worker**《ワーカァ》 [wə́ːrkər]

名 労働者，従業員，社員

・複数 workers [-z]

cf.→ work 動 働く，勉強する（p.270 例文 245）

909 □ **fill**《フィゥ》 [fil]

動 ～を満たす，～をいっぱいにする

・活用 fill - filled [-d] - filled

・3単現 fills [-z]

910 □ **fill**《フィゥ》 **～ with**《ウィズ》 **...**

熟 ～を…でいっぱいにする

cf.→ be filled with ～（～でいっぱいである）（p.241 例文 220）

911 □ **bucket**《バキットゥ》 [bʌ́kit]

名 バケツ

・複数 buckets [-its]

912 □ **cool**《クーゥ》 [kuːl]

形 冷たい，涼しい，かっこいい

・比較 cool - cooler - coolest [-ist]

・反 warm（温かい）（p.54 例文 43）

913 □ **water**《ゥオータァ》 [wɔ́ːtər]

名 水

▶ a glass of water（コップ１杯の水）

▶ boil water（お湯をわかす）

動 ～に水をまく

・活用 water - watered [-d] - watered

・3単現 waters [-z]

STAGE 3

例文 **199**

I am proud that my children are not only smart but also friendly toward everybody.

私は自分の子どもたちが利《り》口《こう》なだけでなく，だれに対しても友好的なことに誇りを持っている。

914 □ **proud**
プラウドゥ
[praud]

形 誇りをもっている
▶ be proud of ～ 熟 ～を誇りに思う

915 □ **children**
チゥドゥレン
[tʃíldrən]

名 子どもたち（childの複数形）
cf.➡ child（子ども）（p.250 例文 225）

＋プラス

単数形と複数形が不規則に変化する名詞
母音が変わる：man→men, foot→feet
-(r)enがつく：child→children, ox→oxen
単複同形：fish, sheep

916 □ **not only ~ but also ...**
ナットゥ オウンリ　バットゥ オーゥソウ

熟 ～だけでなく，…もまた
▶ He is not only a singer but also an actor.
（彼は歌手であるだけでなく，俳優でもある）

917 □ **smart**
スマートゥ
[smɑːrt]

形 利口な，活発な
比較 smart - smarter - smartest [-ist]
cf.➡ clever（利口な）（p.65 例文 54）
wise（賢い）（p.311 例文 286）

918 □ **friendly**
フレンドゥリィ
[fréndli]

形 友好的な，親しげな
比較 friendly - friendlier - friendliest [-ist]
cf.➡ friend（友だち）（p.260 例文 235）
▶ be friendly to ～ 熟 ～に親切だ

例文 200

I shook hands with the old man in the wheelchair.

私は，車椅《い》子《す》に乗った年をとった男性と握手《あくしゅ》をした。

919
shake
シェイク
[ʃeik]

動 ～を振《ふ》る，～を揺《ゆ》さぶる

活用 shake - shook《[シュック]》 - shaken《[シェイクン]》

3単現 shakes [-s]

▶ Shake this bottle well before use.
（このびんは使用前によく振ってください）

920
shake hands with ～
シェイク ハンズ ウィズ

熟 ～と握手をする

プラス
hands と複数形にすることに注意。

921
man
マン
[mæn]

名 男性

複数 men《[メン]》

反 woman（女性）（p.291 例文 266）

▶ a young man（若い男性）

▶ a fat man（太った男性）

▶ a married man（既婚の男性）

922
wheelchair
（フ）ウィーゥチェァ
[hwíːltʃeər]

名 車椅子

複数 wheelchairs [-z]

▶ wheel 名 車輪

例文 201

He refused to play a trick because he was as honest as Lincoln.

彼はリンカーンのように正直だったので，策略《さくりゃく》を用いることを拒否した。

923
□ **refuse**
リフューズ
[rifjúːz]

動 拒否する

・活用 refuse - refused [-d] - refused

・3単現 refuses [-iz]

・反 accept（～を受け入れる）（p.296 例文 271）

924
□ **trick**
トゥリック
[trik]

名 策略，たくらみ，いたずら

・複数 tricks [-s]

925
□ **as ～ as ...**
アズ　アズ

熟 …と同じくらい～

926
□ **honest**
アニストゥ 発
[ánist]

形 正直な

・比較 honest - more honest - most honest

・反 dishonest《ディスアニストゥ》（正直でない）

927
□ **Lincoln**
リンカン
[líŋkən]

名 アブラハム・リンカーン
（アメリカの16代大統領）

文法Check! 32 〈 as ～ as ... 〉

「**…と同じくらい～だ**」という意味で，他者と比較して同じくらいであることを表します。**not as** ～ as ... と否定になると，「**…ほど～ではない**」という意味になります。このasを使った比較の文で，～にあたる形容詞・副詞の形を，**原級**と呼びます。

例文 202

52

This Halloween costume is cheaper than ours.

このハロウィーンの衣装は，私たちのよりも安い。

928
Halloween
ハロウイーン
[hælouíːn]

名 ハロウィーン

プラス
All Saints' Day（万聖節）の前夜祭。アメリカでは，10月31日の夜に仮装した子どもたちが，"Trick or Treat!"（お菓子をくれないといたずらするよ）と言って家々を回る習慣がある。

929
costume
カステューム
[kástjuːm]

名 衣装，扮装《ふんそう》
▶ national costume（民族衣装）

930
cheap
チープ
[tʃiːp]

形 安い
比較 cheap - cheaper - cheapest [-ist]
反 expensive（高い）（p.13 例文 2）

931
than
ザン
[ðən]

接 ～よりも
前 ～よりも

932
ours
アウアズ
[auərz]

代 私たちのもの

文法 Check! 33 〈～er [more ～] than ...〉

「…よりも～だ」という2つ（2人）を比べる表現です。～にあたる形容詞・副詞が短い単語ならerをつけ，長い単語ならmore ～とし，比較する対象をthanのあとにおきます。この2つ（2人）の比較で使う形容詞・副詞の形を，**比較級**と呼びます。

例文 203

The most amazing thing of the festival was the colorful fireworks.

そのお祭りでいちばん驚いたことは，色鮮やかな花火だった。

933 **amazing**
アメイズィング
[əméiziŋ]

形 驚くべき，すばらしい

比較 amazing - more amazing - most amazing

▶ an amazing experience（すばらしい体験）

934 **thing**
スィング
[θiŋ]

名 もの，こと，事柄

複数 things [-z]

▶ I have a lot of things to do.
（私にはやるべきことがたくさんある）

935 **colorful**
カラフゥ
[kʌ́lərfəl]

形 色鮮やかな，色彩豊かな

比較 colorful - more colorful - most colorful

cf.➡ color 名 色（p.123 例文 108）

936 **firework**
ファイアワーク
[fáiərwəːrk]

名 花火

複数 fireworks [-s]

文法Check! 34 〈the ~ est [most ~] in / of ...〉

「…のなかでいちばん～だ」と3つ（3人）以上を比べる表現です。～が短い単語なら**est**をつけ，長い単語なら**most ～**とし，比較する範囲・対象を**in** [**of**] のあとにおきます（**最上級**）。～の前には**the**をつけます。…が比較の「**範囲**」（**単数の名詞**）であれば**in ...**，比較の「**対象**」（**複数の名詞**）であれば**of ...**となります。

例文 204

What is your purpose for coming here?

ここに来たあなたの目的はなんですか？

937 **your**
ユァ
[jər]

代 あなたの

938 **purpose**
パーパス 発
[pə́ːrpəs]

名 目的

複数 purposes [-iz]

▶ What's the purpose of your journey?
（あなたの旅の目的は何ですか）

939 **come**
カム
[kʌm]

動 来る，行く

活用 come - came《ケイム》 - come《カム》

3単現 comes [-z]

▶ come from ～ 熟 ～出身である

▶ come across ～ 熟 ～に出くわす

▶ come in 熟 入る

▶ come out 熟 現れる

▶ come to *do* 熟 ～するようになる

940 **here**
ヒァ
[hiər]

副 ここに，ここで

cf. Here is ～.（ここに～がある）
（p.192 例文171）

▶ here and there 熟 あちこちに

▶ Here it is.（はい，どうぞ）

▶ Here you are.（はい，どうぞ）

名 ここ

例文 205

My pet died of cancer this afternoon.

私のペットは今日の午後，がんのために死んだ。

941 **pet**
ペットゥ
[pet]

名 ペット

・複数 pets [pets]

▶ Do you have any pets?
（あなたは何かペットを飼っていますか）

942 **die**
ダィ
[dai]

動 死ぬ

・活用 die - died [-d] - died

・3単現 dies [-z]

▶ death《デス》 名 死

▶ dead《デッドゥ》 形 死んだ

▶ die from hunger（飢えて死ぬ）

943 **die of ～**
ダィ　オヴ

熟 （病気など）で死ぬ

プラス
事故・戦争などで死ぬことはbe killed (in ～)で表す。
▶ He was killed in a plane crash.
（彼は飛行機の墜落で亡くなった）

944 **cancer**
キャンサァ
[kǽnsər]

名 がん

▶ stomach cancer（胃がん）

945 **afternoon**
アフタヌーン
[æftərnúːn]

名 午後

・複数 afternoons [-z]

946 **this afternoon**
ズィス　アフタヌーン

熟 今日の午後

例文 206

53

This castle was the center of the city in those days.

当時は，この城は市の中心であった。

947 □ **castle**
キャッスゥ 発
[kæsl]

名 城
複数 castles [-z]
▶ An Englishman's house is his castle.
（英国人の家は彼の城である〔家庭のことに口出しをしてはいけない〕）〔ことわざ〕

948 □ **center**
センタァ
[séntər]

名 中心，中心地
複数 centers [-z]
▶ the center of the circle（円の中心）
▶ a community center（公民館）
▶ the center of the room（部屋の中央）
▶ the center of attention（注目の的）

949 □ **city**
スィティ
[síti]

名 都市，市
複数 cities [-z]
cf. town（町）（p.182 例文 162）
▶ a big city（大都市）
▶ a major city（主要都市）
▶ New York City（ニューヨーク市）

950 □ **in those days**
イン ゾーズ デイズ

熟 当時は
▶ There was no railway service in Japan in those days.（当時日本には鉄道がなかった）

例文 207

The hill was covered with green grass long ago.

文法→ p.241 36

昔，その丘は緑の芝におおわれていた。

951 **hill**《ヒゥ》 [hil]

名 丘

・複数 hills [-z]

▶ climb a hill（丘に登る）

952 **cover**《カヴァ》 [kʌ́vər]

動 ～をおおう

・活用 cover - covered [-d] - covered

・3単現 covers [-z]

953 **be**《ビ》 **covered**《カヴァドゥ》 **with**《ウィズ》 **～**

熟 ～でおおわれている

▶ be covered with snow（雪におおわれる）

954 **green**《グリーン》 [gri:n]

形 緑の

・比較 green - greener - greenest [-ist]

▶ green leaves（青葉）

▶ a green light（青信号）

名 緑

955 **grass**《グラス》 [græs]

名 芝生，草

・複数 grasses [-iz]

▶ a leaf of grass（草の葉１枚）

956 **long**《ロング》 **ago**《アゴウ》

熟 昔

cf→ ago 副 ～前に（p.32 例文 21）

a long time ago

熟 ずっと昔に（p.306 例文 281）

例文 208

The gentleman recorded his volunteer work with his video camera.

その紳士は自分のビデオカメラで，彼のボランティア活動を記録した。

957 □ **gentleman**
ヂェントゥゥマン
[dʒéntlmən]

名 紳士
・複数 gentlemen
・反 lady（婦人）（p.303 例文 278）

958 □ **record**
リコードゥ ア
[rikɔ́ːrd]

動 ～を記録する，～を録画［録音］する
・活用 record - recorded [-id] - recorded
・活用 records [-kɔ́ːrdz]

名 記録 [rékərd]《[レカードゥ]》 ア
▶ a world record（世界記録）

959 □ **volunteer**
ヴァランティァ ア
[vɑləntíər]

名 ボランティア，志願者
・複数 volunteers [-z]
▶ volunteer activities（ボランティア活動）

960 □ **video**
ヴィディオゥ
[vídiou]

形 ビデオの，映像の
名 ビデオ
・複数 videos [-z]

961 □ **camera**
キャメラァ
[kǽm(ə)rə]

名 カメラ
・複数 cameras [-z]
▶ a digital camera（デジタルカメラ）

例文 209

My grandpa selected this jacket for her gift.

私のおじいちゃんは，このジャケットを彼女への
贈り物に選んだ。

962 **grandpa**
グラン(ドゥ)パー
[grǽndpɑː]

名 おじいちゃん

- 複数 grandpas [-z]
- 同 grandfather（祖父）（p.308 例文 283）
- 反 gradma（おばあちゃん）（p.54 例文 43）

963 **select**
セレクトゥ
[səlékt]

動 ～を選ぶ

- 活用 select - selected [-id] - selected
- 3単現 selects [-lécts]
- ▶selection《[セレクション]》 名 選択
- 同 choose（p.39 例文 28）
  pick（p.256 例文 231）
- ▶We selected Akira as captain.
  （私たちはアキラをキャプテンに選んだ）

プラス
chooseが「自分の好みで2つ以上から選ぶ」ことを表すのに対し，selectは「慎重に調べて複数の中から選ぶ」という意味で，2つのうちの1つを選ぶときには使わない。pickはよりくだけた表現。

964 **jacket**
ヂャキットゥ
[dʒǽkit]

名 ジャケット，上着

- 複数 jackets [-kits]
- ▶a leather jacket（革の上着）

965 **gift**
ギフトゥ
[gift]

名 贈り物

- 複数 gifts [gifts]
- 同 present（p.187 例文 167）
- ▶a graduation gift（卒業の贈り物）

54

例文 210

You have to get tough training to win the race against the runner from Kenya.

文法➡ p.149 20, p.206 30

あなたがそのケニアから来たランナーとのレースに勝つためには，苦しいトレーニングをしなければならない。

966 **tough**
タフ
[tʌf]

形 つらい，気丈《きじょう》な

比較 tough - tougher - toughest [-ist]

967 **training**
トゥレイニング
[tréiniŋ]

名 トレーニング，訓練

▶train 動 ～を訓練する

968 **win**
ウィン
[win]

動 ～に勝つ

活用 win - won《[ワン]》 - won

3単現 wins [-z]

969 **race**
レイス
[reis]

名 競争　複数 races [-iz]

▶boat race（ボートレース）

▶bicycle race（自転車レース）

970 **against**
アゲ（イ）ンストゥ
[əgé(i)nst]

前 ～に反対［対抗］して，
～に押しつけて

反 for（～を支持して）（p.210 例文 189）

971 **runner**
ラナァ
[rʌ́nər]

名 走者

複数 runners [-z]

▶run 動 走る（p.141 例文 126）

972 **Kenya**
ケニャ
[kénjə]

名 ケニア

プラス

アフリカ東部の共和国。首都はナイロビ（Nairobi）で，公用語はスワヒリ語と英語。

例文 211

Many leaves were blown by the strong wind from the east.

文法→ p.233 35

東からの強い風によって，たくさんの葉が吹き飛ばされた。

973
leaf
リーフ
[liːf]

名 葉 複数 leaves [liːvz]

▶ The maple leaves are turning red.
（カエデの葉が紅葉しだしている）

974
blow
ブロゥ
[blou]

動 ～を吹き飛ばす，吹く

活用 blow - blew《ブルー》 - blown《ブロウン》

3単現 blows [-z]

975
by
バイ
[bai]

前 ～によって，～のそばに，～までに

976
strong
ストローンg
[strɔːŋ]

形 強い

比較 strong - stronger - strongest [-ist]

反 weak（弱い）

▶ a strong will（強い意志）

▶ a strong leader（強力な指導者）

977
wind
ウィンドゥ
[wind]

名 風 複数 winds [windz]

cf.→ windy 形 風の強い（p.30 例文19）

▶ a north wind（北風）

978
east
イーストゥ
[iːst]

名 東

反 west《ウエストゥ》 [west] 名 西

例文 212

My grandparents were impressed by the delicious spaghetti.

私の祖父母は，そのおいしいスパゲッティに感動した。

979 **grandparent**《グラン(ドゥ)ペアレントゥ》
[grǽndpeərənt]

名 祖父，祖母
- 複数 grandparents [-ənts]（祖父母）
- cf.→ grandfather（祖父）（p.308 例文 283）
- cf.→ grandmother（祖母）（p.187 例文 167）

980 **impress**《インプレス》
[imprés]

動 〜に感動を与える
- 活用 impress - impressed [-t] - impressed
- 3単現 impresses [-iz]

981 **be impressed by 〜**《ビ　インプレストゥ　バイ》

熟 〜に感動する

982 **delicious**《ディリシャス》
[dilíʃəs]

形 おいしい
- 比較 delicious - more delicious - most delicious
- ▶a lot of delicious food（たくさんのおいしい食事）

983 **spaghetti**《スパゲティ》
[spəgéti]

名 スパゲッティ

文法Check! 35 〈be動詞＋過去分詞＋by ...〉

「…によって**〜される**」という表現です。主語が「〜する」ではなく，「〜される」となります。これを**受け身**と呼びます。受け身の文の主語は**動作をされる人［もの］**であり，動作をする人［もの］は**by**の後ろにきます。

例文 213

My cousin was born in North America.

文法➡ p.233 35

私のいとこは，北アメリカで生まれた。

984
cousin
カズン 発
[kʌ́zən]

名 **いとこ**

・複数 cousins [-z]

985
be born
ビ　ボーン

熟 **(人が)生まれる**

▶ I was born and brought up in Okinawa.
(私は生まれも育ちも沖縄だ)

986
north
ノース
[nɔːrθ]

形 **北の**

▶ northern《[ノーザン]》 形 北の

名 **北**

・反 south(南)(p.34 例文 23)

▶ a cold wind from the north(北からの冷たい風)

987
America
アメリカァ
[əmérikə]

名 **アメリカ合衆国，アメリカ(大陸)**

cf.➡ American 名 アメリカ人(p.130 例文 115)
形 アメリカ(人)の

United States(アメリカ合衆国)
(p.90 例文 75)

▶ South America(南アメリカ，南米)

▶ Central America(中央アメリカ，中米)

＋プラス

正式名称は，The United States of America。通称は，Unaited States, U.S.またはUSA。首都はワシントンD.C.(Washington, D.C.)で，公用語は英語。

例文 214

55

There are many cows and chickens in this part of England.

文法 ➡ p.170 23

イングランドのこの地方には，たくさんの牛と鶏《にわとり》がいる。

988 □ **cow**
カウ
[kau]

名 雌牛《めうし》，乳牛

・複数 cows [-z]

▶ ox《アクス》 名 雄牛《おうし》，牛

989 □ **chicken**
チキン
[tʃíkən]

名 鶏，とり肉

・複数 chickens [-z]

▶ hen《ヘン》 名 雌鶏《めんどり》

▶ rooster《ルースタァ》, cock《カク》 名 雄鶏《おんどり》

990 □ **part**
パートゥ
[pɑːrt]

名 部分，一部

・複数 parts [pɑːrts]

▶ a major part（主要な部分）

cf.➡ take part in ～（～に参加する）
（p.317 例文 292）

991 □ **England**
イングランドゥ
[íŋglənd]

名 イングランド

＋プラス

UK（グレートブリテンおよび北アイルランド連合王国）を構成する１つの地域。首都はロンドンで，公用語として英語が使用されている。

cf.➡ English 名 英語（p.33 例文 22）
形 イングランド（人）の

UK（イギリス）（p.278 例文 253）

例文 215

I introduced my partner to my classmate last night.

私は昨晩，恋人を自分のクラスメートに紹介した。

992 **introduce**《イントゥロデュース》 [intrədjúːs]

動 ～を紹介する

- 活用 introduce - introduced [-t] - introduced
- 3単現 introduces [-iz]
- ▶ introduction 名 紹介
- ▶ introduce *oneself* 熟 自己紹介する

993 **introduce**《イントゥロデュース》 **~ to**《トゥ》 **...**

熟 ～を…に紹介する

994 **partner**《パートゥナア》 [pάːrtnər]

名 恋人，夫［妻］，仲間

- 複数 partners [-z]
- ▶ a marriage partner（結婚相手）
- ▶ a business partner（仕事仲間）

995 **classmate**《クラスメイトゥ》 [klǽsmeit]

名 級友，クラスメート

- 複数 classmates [-meits]
- ▶ Bill's classmates（ビルの級友たち）
- ▶ We were classmates at college.（私たちは大学の同級生だった）

996 **last**《ラストゥ》 **night**《ナイトゥ》

熟 昨晩

cf.→ last（この前の）（p.77 例文 66）

例文 216

The ALT has a wide knowledge of nature.

そのALTは，自然について幅広い知識をもっている。

997 **ALT**
エイエゥティ

名 外国語指導助手
(= Assistant Language Teacher)

998 **wide**
ワイドゥ
[waid]

形 幅広い
比較 wide - wider - widest [-ist]
▶ a wide street（幅広い通り）
▶ the wide world（広い世界）

999 **knowledge**
ナリッヂ 発
[nálidʒ]

名 知識，学問，学識
cf.→ know 動 知る（p.274 例文 249）
▶ a man of knowledge（学のある人）
▶ a piece of knowledge（一片の知識）
▶ Knowledge is power.（知識は力なり）

1000 **nature**
ネイチャ
[néitʃər]

名 自然，性質
複数 natures [-z]
cf.→ natural《[ナチュラゥ]》 形 自然の
▶ by nature 熟 生まれつき，生来《せいらい》
▶ a beauty of nature（自然の美）
▶ Mother Nature（母なる大自然）
▶ human nature（人間性）

例文 217

The body of the tower is made of stone.

文法→ p.241 36

その塔《とう》の中心部は，石でできている。

1001 **body**
バディ
[bάdi]

名 胴体，体，主要部分

・複数 bodies [-z]

▶ a strong body（丈夫な体）

▶ the body of a car（車体）

▶ A sound mind in a sound body.
（健全な精神は健全な身体に宿る）〔ことわざ〕

1002 **tower**
タウァ
[tauə*r*]

名 塔

・複数 towers [-z]

▶ a church tower（教会の塔）

1003 **be made of ～**
ビ　メイドゥ　オヴ

熟 （材料）でできている

▶ be made from ～　熟 （原料）でできている

cf.→ be built of ～（～で建てられる）
（p.144 例文 129）

＋プラス

be made of ～ *vs.* be made from ～
材料が原形をとどめている場合はbe made of～を，とどめていない場合にはbe made from ～を使う。

▶ Cheese is made from milk.
（チーズは牛乳から作られる）

1004 **stone**
ストウン
[stoun]

名 石

・複数 stones [-z]

▶ a stone bridge（石橋）

例文 218

56

In the last of the tragedy, the poor prince is treated like trash.

文法➡ p.233 35

その悲劇の最後で，かわいそうな王子はごみのように扱われた。

1005 □ **tragedy**
トゥラヂェディ
[trǽdʒədi]

名 悲劇

- 複数 tragedies [-z]
- 反 comedy《カメディ》（喜劇）

1006 □ **poor**
プァ
[puər]

形 貧しい，かわいそうな

- 比較 poor - poorer - poorest [-ist]
- 反 rich（金持ちの）（p.35 例文 24）
- ▶ poor people（貧しい人々）

1007 □ **prince**
プリンス
[príns]

名 王子

- 複数 princes [-iz]
- 反 princess（王女）（p.295 例文 270）
- ▶ the crown《クラウン》 prince（皇太子）

1008 □ **treat**
トゥリートゥ
[triːt]

動 ～を扱う

- 活用 treat - treated - treated [-id]
- 3単現 treats [-ts]

1009 □ **trash**
トゥラッシュ
[træʃ]

名 ごみ（紙くずなどのごみを表す）

- cf.➡ garbage（生ごみ）（p.59 例文 48）
- ▶ a trash can（ごみ入れ，くず入れ）

例文 219

Will you write the meaning of the gesture on the blackboard?

文法➡ p.111 15

黒板にそのジェスチャーの意味を書いてくれますか？

1010 **Will**《ウィゥ》 **you**《ユー》 **～ ?**

熟 ～してくれますか？

cf.➡ will（～するつもりだ）（p.134 例文119）

＋プラス

Will you ～ ?は「～してくれませんか」と相手にものを頼むときに使う。答えるときには，Sure.（はい）/ All right.（いいですよ）/ O.K.（いいよ）などと言う。

1011 **meaning**《ミーニング》

[míːniŋ]

名 意味

複数 meanings [-z]

▶ mean《[ミーン]》 動 意味する

▶ a basic meaning（基本的な意味）

1012 **gesture**《ヂェスチャ》

[dʒéstʃər]

名 ジェスチャー

複数 gestures [-z]

▶ a hand gesture（手振り）

1013 **blackboard**《ブラックボードゥ》

[blǽkbɔːrd]

名 黒板

複数 blackboards [-bɔːrds]

▶ clean the blackboard（黒板を消す）

例文 220

However, her eyes were filled with tears.

しかしながら，彼女の目は涙でいっぱいだった。

1014 **however**《ハウエヴァ》 [hauévər]

副 しかしながら

1015 **eye**《アイ》 発 [ai]

名 目　複数 eyes [-z]

▶ with tears in the eyes（目に涙を浮かべて）

1016 **with**《ウィズ》 [wið]

前 ～といっしょに，～で

反 without（～なしで）（p.267 例文 242）

1017 **be filled with ～**《ビ フィゥドゥ ウィズ》

熟 ～でいっぱいである

cf.➡ fill ～ with...（～を…でいっぱいにする）
（p.219 例文 198）

1018 **tear**《ティア》 [tiər]

名 涙　複数 tears [-z]

▶ break into tears（わっと泣き出す）

▶ in tears 熟 泣いて，涙を流して

文法Check! 36 byを使わない受け身

受け身では基本的に，**by** ～を使い「～によって」を表しました。しかし例文 220のように，動作をする人（もの）を表すのに**by**を使わない場合もあります。**be filled with** ～以外には，**be known to** ～（～に知られている），**be made from[of]** ～（～でできている），**be covered with** ～（～でおおわれている）などがあります。

例文 **221**

The nuclear engineer earned a fortune in Seoul.

その原子力技術者は，ソウルで財産を手に入れた。

1019 **nuclear**
ニュークリア
[njúːkliər]

形 核の
cf.→ atomic（原子の）（p.183 例文 163）

1020 **engineer**
エンヂニア ア
[endʒiníər]

名 エンジニア，技術者
・複数 engineers [-z]
▶ an electronic engineer（電気技士）

1021 **earn**
アーン
[əːrn]

動 ～を得る，金を稼ぐ
・活用 earn - earned [-d] - earned
・3単現 earns [-z]
▶ earn *one's*[a] living 熟 生計を立てる

1022 **fortune**
フォーチュン
[fɔ́ːrtʃən]

名 富，大金，運
・複数 fortunes [-z]
▶ He made a fortune overnight.
（彼は一夜にして財産を作った）
▶ by good[bad] fortune 熟 幸運［不運］にも

1023 **Seoul**
ソウゥ
[soul]

名 ソウル

＋プラス
大韓民国の首都。景福宮など，多くの史跡がある。1988年にオリンピックが開催され，アジア有数の大都市となった。

例文 222

57

Burning fossil fuel creates CO_2.

文法➡ p.214 31

化石燃料の燃焼は，CO_2を作り出す。

1024 **burn**
バーン
[bəːrn]

動 ～を燃やす，燃える
活用 burn - burned [-d] - burned
3単現 burnes [-z]
▶ Paper burns easily.（紙はすぐ燃える）

1025 **fossil**
ファスィゥ
[fásəl]

形 化石化した，化石の
名 化石
複数 fossils [-z]

1026 **fuel**
フューエゥ
[fjúːəl]

名 燃料
複数 fuels [-z]
▶ run out of fuel（燃料が切れる）

1027 **fossil fuel**
ファスィゥ フューエゥ

名 化石燃料

1028 **create**
クリエイトゥ
[kriéit]

動 ～を作る，（新しいものを）つくり出す
活用 create - created - created [-id]
3単現 creates [-éits]
▶ The movie created a new hero.
（その映画は新しいヒーローをつくり出した）

1029 **CO_2**
スィーオウトゥ

名 二酸化炭素

例文 223

The detective smoked a lot in public.

その探偵《たんてい》は，人前でたくさんタバコを吸った。

1030 detective
ディテクティヴ
[ditéktiv]

名 探偵，刑事

・複数 detectives [-z]

▶ a private detective（私立探偵）

▶ a detective story[novel]（推理［探偵］小説）

1031 smoke
スモウク
[smouk]

動 タバコを吸う

・活用 smoke - smoked [-t] - smoked

・3単現 smokes [-s]

名 煙

・複数 smokes [-s]

1032 public
パブリック
[pʌ́blik]

名 一般の人々

形 公の，公立の

・反 private（個人の）

▶ a public telephone（公衆電話）

▶ a public bus（公共バス）

▶ a public library（公立図書館）

1033 in public
イン　パブリック

熟 人前で，公然と

▶ speak in public（人前で話す）

例文 224

The actor lit a candle in the silent theater.

その俳優は静かな劇場の中で，ろうそくに火をつけた。

1034 **actor**
アクタァ
[ǽktər]

名 俳優

- 複数 actors [-z]
- 反 actress（女優）（p.292 例文 267）

1035 **light**
ライトゥ
[lait]

動 ～に火をつける

- 活用 light - lit《[リットゥ]》 - lit

名 光，明かり 複数 lights [laits]

形 明るい

- 比較 light - lighter - lightest [-ist]

1036 **candle**
キャンドゥ
[kǽndl]

名 ろうそく

- 複数 candles [-z]

1037 **silent**
サイレントゥ
[sáilənt]

形 静かな，無言の

- 比較 silent - more silent - most silent
- 同 quiet（p.98 例文 83）
- 反 noisy（うるさい）

▶ silence《[サイレンス]》 名 沈黙《ちんもく》，静けさ

▶ a silent woman（口数の少ない女性）

1038 **theater**
スィーアタァ
[θíːətər]

名 劇場

- 複数 theaters [-z]

▶ the National Theater（国立劇場）

▶ an open-air theater（野外劇場）

STAGE 3

いっしょに覚える英単語3

国名・首都・通貨

国名（形容詞形）		首都	通貨
□ Japan (Japanese)	日本	Tokyo	yen
□ Korea (Korean)	韓国	Seoul	won
□ China (Chinese)	中国	Beijing	yuan
□ Thailand (Thai)	タイ	Bangkok	baht
□ India (Indian)	インド	New Delhi	rupee
□ Cambodia (Cambodian)	カンボジア	Phnom Penh	riel
□ Singapore (Singaporean)	シンガポール	Singapore	dollar
□ Australia (Australian)	オーストラリア	Canberra	dollar
□ America (American)	アメリカ	Washington, D.C.	dollar
□ Canada (Canadian)	カナダ	Ottawa	dollar
□ Brazil (Brazilian)	ブラジル	Brasilia	real
□ Russia (Russian)	ロシア	Moscow	ruble
□ England (English)	イングランド※	London	pound
□ France (French)	フランス	Paris	euro
□ Germany (German)	ドイツ	Berlin	euro
□ Netherlands (Dutch)	オランダ	Amsterdam	euro
□ Italy (Italian)	イタリア	Rome	euro
□ Spain (Spanish)	スペイン	Madrid	euro
□ Greece (Greek)	ギリシア	Athens	euro
□ Egypt (Egyptian)	エジプト	Cairo	pound

※ イングランドは英国（UK）の一部。 cf p.278 例文253

地域・都市名など

☐ **Asia** [エイジャ] [éiʒə]	アジア
☐ **North America** [ノース アメリカァ] [nɔ́ːrθ əmérikə]	北アメリカ
☐ **South America** [サウス アメリカァ] [sáuθ əmérikə]	南アメリカ
☐ **Europe** [ヨーロップ] [júərəp]	ヨーロッパ
☐ **Africa** [アフリカァ] [ǽfrikə]	アフリカ
☐ **Delhi** [デリ] [déli]	デリー（インドの都市）
☐ **Sydney** [スィドゥニィ] [sídni]	シドニー（オーストラリアの都市）
☐ **California** [キャリフォーニャ] [kæləfɔ́ːrnjə]	カリフォルニア（アメリカの州）
☐ **Los Angeles** [ロース アンヂェラス] [lɔːs ǽndʒələs]	ロサンジェルス（アメリカの都市）
☐ **New York** [ニュー ヨーク] [njuː jɔ́ːrk]	ニューヨーク（アメリカの都市）
☐ **San Francisco** [サン フランスィスコゥ] [sæn frənsískou]	サンフランシスコ（アメリカの都市）
☐ **Chicago** [シカーゴゥ] [ʃikáːgou]	シカゴ（アメリカの都市）
☐ **Toronto** [トラントゥ] [tərántou]	トロント（カナダの都市）
☐ **Scotland** [スカットゥランドゥ] [skátlənd]	スコットランド（英国の一部）
☐ **Birmingham** [バーミンガム] [bə́ːrmiŋəm]	バーミンガム（イングランドの都市）
☐ **Pacific Ocean** [パスィフィック オウシャン] [pəsífik óuʃən]	太平洋
☐ **Ayers Rock** [エアズ ラック] [éərz rák]	エアーズロック（オーストラリアの岩山）

敬称

□ Mr. [místər]《ミスタァ》	～さん（男性に）
□ Ms. [miz]《ミズ》	～さん（女性に）
□ Mrs. [mísiz]《ミスィズ》	～さん（結婚している女性に），～夫人
□ Miss [mis]《ミス》	～さん（未婚の女性に）
□ Dr. [dáktər]《ダクタァ》	～博士（＝doctor）

※ 最近は女性の敬称は結婚しているかどうかを区別せず，Ms. を使うことが多い。

人称のまとめ

人称・数 ＼ 格			主格（～は，が）	所有格（～の）	目的格（～を，に）	所有代名詞（～のもの）	再帰代名詞（～自身）
1人称	単数	私	I	my	me	mine	myself
	複数	私たち	we	our	us	ours	ourselves
2人称	単数	あなた	you	your	you	yours	yourself
	複数	あなたたち	you	your	you	yours	yourselves
3人称	単数	彼	he	his	him	his	himself
		彼女	she	her	her	hers	herself
		それら	it	its	it	—	itself
	複数	彼ら，彼女ら それら	they	their	them	theirs	themselves

STAGE 4

⊖ 例文 225～300

⊖ 単語 1039～1381

⊖ CD 58～76

⊖ 文法Check! 37～50

例文 225

58

He has collected CDs since he was a child.

彼は子どものときから，CDを集めている。

1039 **collect**
コレクトゥ
[kəlékt]

動 ～を集める

活用 collect - collected [-id] - collected

3単現 collects [-lekts]

▶ collection《コレクション》 名 集めること

▶ Do you collect gold coins?
（あなたは金貨を集めていますか）

1040 **CD**
スィーディー
[síːdíː]

名 CD（compact《コンパクトゥ》 disc《ディスク》の略）

複数 CDs [-z]

1041 **since**
スィンス
[sins]

接 ～してから，～して以来，～なので

▶ since then 熟 そのとき以来

1042 **child**
チャイゥドゥ
[tʃaild]

名 子ども

複数 children [tʃíldrən] 発（p.220 例文 199）

同 kid（p.314 例文 289）

文法Check! 37 現在完了（継続）

〈**have+過去分詞**〉の形を**現在完了**といいます。haveは「**～という現在の状況を持っている**」という意味を表しています。例文 225 は，「彼は〔子どものときからCDを集める〕という現在の状況を持っている」→「子どものときからCDを集めている」となります。この「**ずっと～している**」を意味する用法は「**継続**」と呼ばれ，**since** ～（～からずっと），**for** ～（～の期間）などの語句をよく伴います。

例文 226

Have you ever buried some trash there?

今までに，そこにごみを埋《う》めたことがありますか？

1043 **ever**
エヴァ
[évər]

副 今までに，かつて

1044 **Have you ever ～?**
ハヴ　ユー　エヴァ

熟 (今までに) ～したことがありますか？

1045 **bury**
ベリィ 発
[béri]

動 ～を埋める，(人を) 埋葬《まいそう》する

・活用 bury - buried [-d] - buried

・3単現 buries [-z]

プラス
blueberry (ブルーベリー) などの「ベリー」berry と同じ発音。

文法Check! 38 現在完了 (経験)

「**今までに～したことがある**」を意味する現在完了の用法を，「**経験**」と呼びます。これは**never** (一度も～したことがない)，**once** (１回)，**twice** (２回)，**three times** (３回) などの語句をよく伴います。例文226にある，**Have you ever ～?** (今までに～したことがありますか) という表現も，よく使われます。

例文 227

The chef hasn't prepared beef sandwiches yet.

シェフはまだ，ビーフサンドイッチを準備していない。

1046 □ **chef**
シェフ
[ʃef]

名 コック長，料理人
・複数 chefs [-s]
cf.→ cook（料理人）（p.14 例文3）

1047 □ **prepare**
プリペァ
[pripéər]

動 ～を準備する
・活用 prepare - prepared [-d] - prepared
・3単現 prepares [-z]

1048 □ **beef**
ビーフ
[bi:f]

名 牛肉 ・複数 beefs [-s]

プラス

動物とその肉
cattle（牛）— beef（牛肉），
pig（ぶた）— pork（ぶた肉），
sheep（羊）— mutton（羊肉）

1049 □ **sandwich**
サンドゥウィチ
[sǽndwitʃ]

名 サンドイッチ
・複数 sandwiches [-iz]

1050 □ **yet**
イエットゥ
[jet]

副 （否定文で）まだ，（疑問文で）もう
▶ Have you finished the work yet?
（もう仕事は終わりましたか）

文法Check! 39 現在完了（完了）

「もう～してしまった，ちょうど～したところだ」を意味する現在完了の用法を，**「完了」**と呼びます。これは**already**（すでに），**just**（ちょうど），**yet**（もう，まだ）などの語句をよく伴います。

例文 228

I will finish my homework as soon as I can.

文法➡ p.222 32

できるだけ早く，宿題を終わらせます。

1051 □ **finish**
フィニッシュ
[fíniʃ]

動 ～を終える，終わる

・活用 finish - finished [-t] - finished

・3単現 finishes [-iz]

▶ finish ～ing 熟 ～をし終える

1052 □ **homework**
ホウムワーク
[hóumwəːrk]

名 宿題

▶ give homework（宿題を与える）

▶ hand in homework（宿題を提出する）

▶ housework《[ハウスワーク]》 名 家事

1053 □ **soon**
スーン
[suːn]

副 すぐに，まもなく

・比較 soon - sooner - soonest [-ist]

▶ See you soon.（また会いましょう）

1054 □ **as ～ as *one* can**
アズ アズ キャン

熟 できるだけ～

・同 as ～ as possible（p.282 例文 257）

プラス

「できるだけ～した」と過去の意味を表す場合は，can は過去形 could にする。

▶ He ran as fast as he could.
（彼はできるだけ速く走った）

例文 229

59

He can remember the name of everyone that he meets.

文法➡ p.294 45

彼は，会うすべての人の名前を覚えることができる。

1055 **remember**
リメンバァ
[rimémbər]

動 ～を覚える

活用 remember - remembered [-d] - remembered

3単現 remembers [-z]

▶remember ～ing 熟 ～したことを覚えている

cf.➡ remember to *do*（忘れずに～する）（p.129 例文114）

反 forget（～を忘れる）（p.151 例文135）

1056 **name**
ネイム
[neim]

名 名前　複数 names [-z]

動 ～と名づける

活用 name - named [-d] - named

3単現 names [-z]

1057 **of**
オヴ
[əv]

前 ～の

▶the playground of our school（私たちの学校のグラウンド）

1058 **meet**
ミートゥ
[mi:t]

動 ～に会う

活用 meet - met《[メットゥ]》 - met

3単現 meets [mi:ts]

▶meet her for lunch（彼女と昼食のために会う）

▶Nice to meet you.（初めまして ← 初対面の人に対するあいさつ）

▶Nice meeting you.（お会いできてうれしかったです ← 初対面の人と別れるときのあいさつ）

例文 230

It is dangerous to swim in the sea on a day like this.

文法➡ p.260 40

このような日に，海で泳ぐことは危険だ。

1059 **It《イトゥ》 is《イズ》 … to《トゥ》 *do***

熟 ～することは…だ

1060 **swim《スウィム》** [swim]

動 泳ぐ

活用 swim - swam《スワム》[swæm] - swum《スワム》[swʌm]

3単現 swims [-z]

▶ swimming 名 水泳

▶ Let's go swimming in the lake.
（湖に泳ぎに行こう）

1061 **sea《スィー》** [siː]

名 海 複数 seas [-z]

反 land（陸）（p.135 例文120）

▶ We live by the sea.
（私たちは海のそばに住んでいる）

1062 **day《ディ》** [dei]

名 日，昼 複数 days [-z]

反 night（夜）（p.21 例文10）

▶ all day 熟 一日中

▶ day after day 熟 来る日も来る日も

▶ day and night 熟 昼も夜も

▶ one day 熟 ある日

1063 **like《ライㇰ》** [laik]

前 ～のような，～に似ている

▶ There's no place like home.
（わが家のようによい場所はない）〔ことわざ〕

形 同じような，等しい

例文 231

It isn't easy to pick a good family doctor.

文法➡ p.260 40

よいかかりつけの医師を選ぶことは，簡単ではない。

1064 □ **easy**
イーズィ
[íːzi]

形 簡単な，やさしい
- 比較 easy - easier - easiest [-ist]
- 反 difficult（難しい）（p.261 例文 236）
- cf.➡ easily 副 簡単に（p.58 例文 47）
- ▶take it easy 熟 気楽に考える

1065 □ **pick**
ピック
[pik]

動 ～を選ぶ，～を摘《つ》み取る
- 活用 pick - picked [-t] - picked
- 3単現 picks [-s]
- 同 choose（p.39 例文 28）
  select（p.230 例文 209）
- ▶pick up ～ 熟 ～を拾い上げる

1066 □ **family**
ファミリィ
[fǽməli]

名 家族，（形容詞的に）家族の
- 複数 families [-z]
- ▶feed a family（家族を養う）

1067 □ **doctor**
ダクタァ
[dáktər]

名 医者
- 複数 doctors [-z]

1068 □ **family doctor**
ファミリィ ダクタァ

名 かかりつけの医師，家庭医

例文 232

No person answered the last question on the quiz.

だれも，テストの最後の問題に答えなかった。

1069
no
ノゥ
[nou]

形 1つの[1人の]～もない

副 いいえ，いや

1070
person
パースン
[pə́ːrsn]

名 人 ・複数 persons [-z]

cf→ people（人々）（p.77 例文66）

1071
answer
アンサァ
[ǽnsər]

動 ～に答える

・活用 answer - answered [-d] - answered

・3単現 answers [-z]

・反 ask（～をたずねる）（p.279 例文254）

▶ Please answer me.
（私のいうことに答えてください）

名 答え ・複数 answers [-z]

▶ give an answer to ～（～に返事をする）

1072
question
クエスチョン
[kwéstʃən]

名 問題，質問

・複数 questions [-z]

▶ question and answer（質疑応答）

1073
quiz
クイズ
[kwiz]

名 （簡単な）テスト，（ラジオ・テレビなどの）クイズ

・複数 quizzes [-iz]

cf→ examination / exam（p.156 例文140）
test（p.260 例文235）

60

例文 233

I have already received a letter from my dear friend.

文法 → p.252 39

私はすでに，仲のよい友だちから手紙を受けとった。

1074 **already**
オーゥレディ
[ɔːlrédi]

副 すでに

▶ My sister has already gone to bed.
（妹はもう寝てしまった）

プラス
already はふつう肯定文に，yet（p.252 例文 227）は疑問文・否定文に使う。

1075 **receive**
リスィーヴ
[risíːv]

動 ～を受け取る

活用 receive - received [-d] - received

3単現 receives [-z]

反 send（～を送る）（p.187 例文 167）

▶ receive an invitation（招待状を受け取る）

1076 **letter**
レタァ
[létər]

名 手紙，文字

複数 letters [-z]

▶ answer a letter（手紙に返事を書く）

▶ send [mail / post] a letter（手紙を出す）

▶ The English alphabet has 26 letters.
（英語のアルファベットには26字ある）

1077 **dear**
ディァ
[diər]

形 大切な，大事な

比較 dear - dearer - dearest [-ist]

▶ my dear mother（私の大切な母）

例文 234

He has just closed the classroom window.

文法 ➡ p.252 39

彼はちょうど，その教室の窓を閉めたところだ。

1078 **just**
チャストゥ
[dʒəst]

副 ちょうど，ちょうど今，ただ～だけ

- just then 熟 ちょうどそのとき
- just like ～ 熟 まさに～のよう
- It's just three now.（今ちょうど3時です）

1079 **close**
クロウズ
[klouz]

動 ～を閉める，閉まる

活用 close - closed [-d] - closed

3単現 closes [-iz]

反 open（～を開ける）（p.314 例文 289）

- Close your eyes.（目を閉じなさい）

1080 **classroom**
クラスルーム
[klǽsruːm]

名 教室

複数 classrooms [-z]

1081 **window**
ウィンドゥ 発
[wíndou]

名 窓

複数 windows [-z]

- open a window（窓を開ける）
- close a window（窓を閉める）
- clean a window（窓をふく）
- look out of the window（窓から外を見る）
- That beautiful girl was standing at the window.（あの美しい少女は窓辺に立っていました）

例文 235

It was useful to study with friends for the test.

テストのために友だちと勉強するのは役に立った。

1082 **useful**
ユースフゥ 発
[júːsfəl]

形 役に立つ

比較 useful - more useful - most useful

反 useless《ユースレス》 形 役に立たない

▶ your useful advice（あなたの役に立つ助言）

1083 **friend**
フレンドゥ
[frend]

名 友だち 複数 friends [frendz]

▶ make [become] friends with ～
熟 ～と友だちになる

▶ A friend in need is a friend indeed.
（まさかのときの友こそほんとうの友）〔ことわざ〕

1084 **test**
テストゥ
[test]

名 テスト 複数 tests [tests]

cf. examination / exam（p.156 例文 140）
quiz（p.257 例文 232）

▶ pass a test（試験に合格する）

動 ～を試験する

活用 test - tested [-id] - tested

3単現 tests [tests]

文法Check! 40 〈It is ... to *do*〉

to不定詞が主語になるときに，それを**Itで代用**して，to不定詞をあとにもっていく表現です。例文 235では，to study with friends for the testが主語で，Itはこのto不定詞のグループを指しています。日本語にするときは，「*do*することは…だ」とします。

例文 236

It is difficult to explain this card game.

文法➡ p.260 40

このカードゲームを説明することは難しい。

1085 **difficult**
ディフィカウトゥ
[dífikəlt]

形 難しい

- 比較 difficult - more difficult - most difficult
- 反 easy（やさしい）（p.256 例文231）
- ▶ difficulty 名 難しさ
- ▶ a difficult problem for me（私には難しい問題）

1086 **explain**
イクスプレイン
[ikspléin]

動 ～を説明する

- 活用 explain - explained [-d] - explained
- 3単現 explains [-z]
- ▶ The teacher explained the meanings of the English word to us.
（先生は私たちにその英単語の意味を説明してくれた）

1087 **card**
カードゥ
[kɑːrd]

名 カード，トランプ

- 複数 cards [kɑːrdz]
- ▶ a birthday card（バースデーカード）
- ▶ a New Year's card（年賀状）
- ▶ play cards（トランプをする）

1088 **game**
ゲイム
[geim]

名 ゲーム，試合

- 複数 games [-z]
- 同 match（試合）（p.28 例文17）
- ▶ win a game（試合に勝つ）
- ▶ children's games（子どもの遊び）
- ▶ play a word game（ことば遊びをする）

61

例文 237

Go straight for six hundred meters, then you will find the college on your right.

文法→ p.48 7, p.111 15

600メートルまっすぐ行きなさい，すると右側に大学が見えるでしょう。

1089 **straight**
ストゥレイトゥ
[streit]

副 まっすぐに　形 まっすぐな

比較 straight - straighter - straightest

1090 **six**
スィックス
[siks]

名 6，6人

形 6の，6人の

1091 **meter**
ミータァ
[mí:tər]

名 メートル（長さの単位）

複数 meters [-z]

1092 **then**
ゼン
[ðen]

副 その時，次に，それから

1093 **find**
ファインドゥ
[faind]

動 ～を見つける，～だと分かる

活用 find - found《[ファウンドゥ]》 - found

3単現 finds [faindz]

1094 **college**
カリッヂ
[kálidʒ]

名 大学　複数 colleges [-iz]

cf.→ university（大学）（p.285 例文 260）

1095 **right**
ライトゥ
[rait]

名 右，権利　複数 rights [raits]

形 右の，正しい　副 右に

比較 right - more right [righter]
- most right [rightest]

反 left（左）（p.38 例文 27）

反 wrong（間違った）（p.110 例文 95）

例文 238

The old guide taught us how to walk in the forest.

文法➡ p.276 42

年配のガイドは，私たちに森の歩き方を教えてくれた。

1096 □ **old**
オウゥドゥ
[ould]

形 年をとった，年上の，古い

比較 old - older - oldest [-ist]

反 young（若い）（p.158 例文 142）
new（新しい）（p.217 例文 196）

▶ young and old（老いも若きも）

1097 □ **guide**
ガイドゥ
[gaid]

名 案内人，観光ガイド

複数 guides [gaidz]

▶ a guide to England
（イングランドのガイドブック）

動 ～を案内する

活用 guide - guided [-id] - guided

3単現 guides [gaidz]

1098 □ **teach**
ティーチ
[tiːtʃ]

動 ～を教える

活用 teach - taught《トートゥ》 - taught 発

3単現 teaches [-iz]

▶ Mr. Thomas teaches us English.
（トーマス先生は私たちに英語を教える）

1099 □ **forest**
フォーリストゥ
[fɔ́ːrist]

名 森

複数 forests [-ists]

同 wood(s)（p.144 例文 129）

▶ a natural forest（自然林）

例文 239

It is common for me to wash my car once a month.

文法➡ p.260 40

月に1度車を洗うのは，私にとってふつうのことだ。

1100 **common**
カモン
[kámən]

形 ふつうの，共通の

比較 common - more common - most common

▶common sense（常識）

1101 **wash**
ワッシュ
[wɑʃ]

動 ～を洗う

活用 wash - washed [-t] - washed

3単現 washes [-iz]

▶Wash your hands before you eat.
（食べる前に手を洗いなさい）

1102 **once**
ワンス
[wʌns]

副 1度，かつて

▶once more 熟 もう一度

▶once upon a time 熟 昔々

名 1度，1回

▶all at once 熟 突然に

▶at once 熟 すぐに

1103 **month**
マンス
[mʌnθ]

名 月

複数 months [-s]

▶next month（来月）

▶monthly 形 月1回の，毎月の

cf.➡ year（年）（p.62 例文 51）
week（週）（p.85 例文 74）

例文 240

It's hard to keep the traditional customs forever.

文法➡ p.260 40

永遠に伝統的習慣を維持することは，たいへんである。

1104
□ **hard**
ハードゥ
[hɑːrd]

形 難しい，かたい，熱心な

・比較 hard - harder - hardest

・同 difficult（p.261 例文 240）

・反 easy（やさしい）（p.256 例文 231）
soft（やわらかい）（p.48 例文 37）

▶ a hard bed（かたいベッド）

副 熱心に，懸命に

▶ study hard（一生懸命勉強する）

1105
□ **traditional**
トゥラディショナゥ
[trədíʃənəl]

形 伝統的な，伝統の

・比較 traditional - more traditional - most traditional

▶ tradition《［トラディション］》 名 伝統

1106
□ **custom**
カスタム
[kʌ́stəm]

名 慣習，習慣

・複数 customs [-z]

▶ Custom is a second nature.
（習慣は第２の天性）〔ことわざ〕

▶ follow a custom（習慣に従う）

1107
□ **forever**
フォレヴァ
[fərévər]

副 永遠に

▶ Peace does not last forever.
（平和は永遠に続くものではない）

STAGE 4

例文 241

62

We have traveled around the world for a long time.

文法➡ p.250 37

私たちは長い間，世界中を旅している。

1108 **travel**
トゥラヴェゥ
[trǽvəl]

動 旅行する

・活用 travel - traveled [-d] - traveled

・3単現 travels [-z]

名 旅

▶traveler《トゥラヴェラァ》 名 旅行者

▶foreign travel（外国旅行）

＋プラス

travelは広く「旅行」の意味を表す。trip（p.32 例文21）はイギリスでは「短い旅行」を表し，アメリカでは「長い旅行」を表す。tour（p.66 例文55）は観光や視察のために「いくつもの場所をめぐる旅行」を表す。

1109 **around**
アラウンドゥ
[əráund]

前 ～のあちこちに［で，を］，～を囲んで

▶move around ～ 熟 ～を動き回る

▶travel around Japan（日本をあちこち旅行する）

副 あちこちに［で，を］

▶go around 熟 歩き回る

1110 **around the world**
アラウンドゥ ザ ワールドゥ

熟 世界中

1111 **for a long time**
フォー ア ロング タイム

熟 長い間

例文 242

I have never drunk coffee without sugar.

文法➡ p.251 38

砂糖を入れずにコーヒーを飲んだことは，一度もない。

1112 □ **never**
ネヴァ
[névər]

副 一度も～ない，決して～ない
（not より否定の意味が強い）

プラス
neverはふつう，be動詞・助動詞のあと，一般動詞の前に置く。

1113 □ **coffee**
コーフィ
[kɔ́ːfi]

名 コーヒー，1杯のコーヒー
・複数 coffees [-z]
▶ black coffee（ブラックコーヒー）
▶ iced coffee（アイスコーヒー）
▶ two coffees ≒ two cups of coffee
（コーヒー2杯）

1114 □ **without**
ウィザァウトゥ ア
[wiðáut]

前 ～なしで，～を持たないで
・反 with（～といっしょに）（p.241 例文 220）
▶ without ～ing 熟 ～しないで

1115 □ **sugar**
シュガァ つ
[ʃúgər]

名 砂糖

プラス
sugarはふつうaをつけず，複数形にしない。「スプーン1杯，2杯」と数えるときはa spoonful [two spoonfuls] of sugar,「角砂糖1個，2個」と数えるときはa lump [two lumps] of sugarとする。

例文 243

Please tell me what subject you like the best.

あなたがいちばん好きな教科を，私に教えてください。

1116 □ **tell**
テウ
[tel]

動 ～を話す，～を教える

活用 tell - told《[トールドゥ]》 - told

3単現 tells [-z]

▶ tell ～ from ... 熟 ～と…を見分ける

1117 □ **subject**
サブヂェクトゥ
[sʌ́bdʒikt]

名 教科，科目，主題

複数 subjects [-dʒikts]

1118 □ **like**
ライク
[laik]

動 ～が好きである

活用 like - liked [-t] - liked

3単現 likes [-s]

▶ like ～ing [to *do*] 熟 ～することが好きだ

1119 □ **best**
ベストゥ
[best]

形 最もよい（good の最上級）

▶ my best friend（私のいちばんの親友）

副 最もよく（well の最上級）

反 worst 形 最も悪い 副 最も悪く

名 最もよいもの［人］

▶ do *one's* best 熟 全力をつくす

文法Check! 41 間接疑問

〈**疑問詞＋S＋V**〉が文の中で**名詞のはたらき**をすることがあります。**例文 243**では，「何の教科がいちばん好きか」という意味で目的語になっています。疑問詞を使いますが，be動詞を前に出したりdoを使ったりして，疑問文の形にすることはありません。

例文 244

The boy carrying a magazine under his arm is Tom's son.

文法 ➡ p.303 46

腕に雑誌を抱えて運んでいる男の子は，トムの息子です。

1120 □ **carry**
キャリィ
[kǽri]

動 ～を運ぶ，～を持ち歩く

活用 carry - carried [-d] - carried

3単現 carries [-z]

▶ Will you carry my bag?
（私のかばんを運んでくれませんか）

▶ carry out ～ 熟 ～を実行する

1121 □ **magazine**
マガズィーン / マガズィーン
[mǽgəziːn/mæ̀gəzíːn]

名 雑誌

複数 magazines [-z]

▶ a weekly magazine（週刊誌）

1122 □ **arm**
アーム
[ɑːrm]

名 腕

複数 arms [-z]
（armsで「武器」の意味も表す）

▶ cross *one's* arms（腕を組む）

▶ throw *one's* arms around ～（～に抱きつく）

1123 □ **son**
サン 発
[sʌn]

名 息子

複数 sons [-z]

反 daughter（娘）（p.96 例文 81）

プラス

「太陽」を表すsunと同じ発音。

例文 245

63

Our baseball coach works for a company that makes gloves.

文法→ p.292 43

私たちの野球のコーチは，野球のグラブを作る会社で働いている。

1124 **baseball**《ベイスボーゥ》
[béisbɔːl]

名 野球　複数 baseballs [-z]

▶ I belong to the baseball club.
（私は野球部に所属しています）

1125 **coach**《コウチ》
[koutʃ]

名 コーチ，指導者

複数 coaches [-iz]

1126 **work**《ワーク》 発
[wəːrk]

動 働く

活用 work - worked [-t] - worked

3単現 works [-s]

cf.→ worker 名 労働者（p.219 例文 198）

名 仕事，勉強，作品

複数 works [-s]
（「仕事」「勉強」の意味では複数形にしない）

同 job（p.273 例文 248）

同 business（p.321 例文 296）

1127 **work for ～**《ワーク フォー》

熟 ～に勤める

1128 **company**《カンパニィ》
[kʌ́mpəni]

名 会社，仲間

複数 companies [-z]

1129 **glove**《グラブ》 発
[glʌv]

名 手袋，野球用グラブ　複数 gloves [-z]

▶ put on *one's* glove（手袋をはめる）

▶ pull[take] off *one's* glove（手袋をとる）

例文 246

It's a pleasure to have a chance to interview that musician.

文法➡ p.260 40

あの音楽家にインタビューをする機会を持つとは，光栄である。

1130 □ **pleasure**
プレジャァ 発
[pléʒər]

名 喜び，光栄
- 複数 pleasures [-z]
- ▶ with pleasure 熟 喜んで
- ▶ pleasant《プレズントゥ》 形 楽しい
- ▶ please《プリーズ》 動 ～を喜ばせる
- ▶ real pleasure（本当の喜び）

1131 □ **interview**
インタヴュー
[íntərvjuː]

動 ～にインタビューする，～と面接する
- 活用 interview - interviewed [-d] - interviewed
- 3単現 interviews [-z]

名 インタビュー，面接
- 複数 interviews [-z]
- ▶ I had an interview with the singer.（私はその歌手にインタビューした）
- ▶ get an interview（面接をする）
- ▶ a job interview（就職の面接）

1132 □ **musician**
ミューズィシャン
[mjuːzíʃən]

名 音楽家，ミュージシャン
- 複数 musicians [-z]
- cf.➡ music 名 音楽（p.21 例文 10）
- ▶ a rock musician（ロックミュージシャン）

例文 247

He is very busy writing a book.

彼は本を書くのにとても忙しい。

1133 **very**
ヴェリィ
[véri]

副 とても

▶ My brother is a very good soccer player.
（私の兄はとても上手なサッカー選手です）

1134 **busy**
ビズィ 発
[bízi]

形 忙しい

比較 busy - busier - busiest [-ist]

反 free（ひまな）（p.189 例文 168）

1135 **be busy ～ing**
ビ　ビズィ　イング

熟 ～するのに忙しい

▶ be busy with ～ 熟 ～で忙しい

1136 **write**
ライトゥ 発
[rait]

動 ～を書く

活用 write - wrote《[ロウトゥ]》 - written《[リトゥン]》

3単現 writes [raits]

cf. writer 名 作家（p.63 例文 52）

▶ write down ～ 熟 ～を書きとめる

▶ write back 熟 返事を書く

1137 **book**
ブック
[buk]

名 本

複数 books [-s]

▶ a picture book（絵本）

▶ borrow a book from the library
（図書館から本を借りる）

例文 248

The fourth floor was full of people looking for jobs.

文法➡ p.303 46

4階は，仕事を探している人でいっぱいだった。

1138 **fourth**《フォース》 [fɔːrθ]

形 (theをつけて) 4番目の

名 4番目 cf➡ 序数（p.86）

複数 fourths [-s]

▶ three fourths [quarters]（4分の3）

▶ Our classroom is on the fourth floor of the school.（私たちの教室は学校の4階にある）

1139 **floor**《フローァ》 [flɔːr]

名 階，床

複数 floors [-z]

▶ floor cloth（雑巾）

▶ a stone floor（石の床）

1140 **be**《ビ》 **full**《フゥ》 **of**《オヴ》 **~**

熟 ～でいっぱいである

cf➡ full 形 いっぱいの（p.56 例文 45）

▶ The garden is full of roses.（庭はバラでいっぱいだ）

1141 **look**《ルック》 **for**《フォー》 **~**

熟 ～を探す

1142 **job**《ヂャブ》 [dʒab]

名 仕事

複数 jobs [-z]

同 work（p.270 例文 245）
business（p.321 例文 296）

▶ a part time job（アルバイト）

▶ an easy job（楽な仕事）

64

例文 249

Do you know how to exchange greetings in Spanish?

文法 ➡ p.276 42

スペイン語でのあいさつの交わし方を知っていますか？

1143 □ **know**
ノウ 発
[nou]

動 ～を知っている

・活用 know - knew《[ニュー]》 - known《[ノウン]》

・3単現 knows [-z]

cf.➡ knowledge 名 知識（p.237 例文 216）

1144 □ **exchange**
イクスチェインヂ
[ikstʃéindʒ]

動 ～を交換する

・活用 exchange - exchanged [-d] - exchanged

・3単現 exchanges [-iz]

▶ exchange ～ for ... 熟 ～を…と交換する

名 交換　・複数 exchanges [-iz]

▶ an exchange student（交換留学生）

1145 □ **greeting**
グリーティング
[gríːtiŋ]

名 あいさつ　・複数 greetings [-z]

▶ greet《[グリートゥ]》 動 ～にあいさつをする

▶ a greeting card
（〔誕生日・クリスマスの〕あいさつ状，カード）

1146 □ **Spanish**
スパニッシュ
[spǽniʃ]

名 スペイン人［語］

形 スペイン（人［語］）の

▶ Spain《[スペイン]》 名 スペイン

例文 250

Though the ship disappeared from sight, they kept singing the song in a loud voice.

その船は視界から消えたが，彼らは大きな声で歌い続けた。

1147 □ **disappear**
ディサピァ ア
[disəpíər]

動 見えなくなる，姿を消す
活用 disappear - disappeared [-d] - disappeared
反 appear（現れる）（p.182 例文162）

1148 □ **sight**
サイトゥ 発
[sait]

名 視力，視野，景色
複数 sights [saits]
▶come into sight（視野に入る）

1149 □ **keep ～ing**
キープ　イング

熟 ～し続ける，くりかえし～する

1150 □ **sing**
スィング
[siŋ]

動 歌う，～を歌う
活用 sing - sang《サング》 [sæŋ] - sung《サング》 [sʌŋ]
3単現 sings [-z]

1151 □ **song**
ソーング
[sɔːŋ]

名 歌　複数 songs [-z]
▶a popular song（流行歌）

1152 □ **loud**
ラウドゥ
[laud]

形 （声・音が）大きい
比較 loud - louder - loudest [-ist]
cf.➡ loudly 副 うるさく（p.203 例文182）

1153 □ **voice**
ヴォイス
[vɔis]

名 声　複数 voices [-iz]
▶in a ～voice 熟 ～な声で
▶a sweet voice（美しい声）

STAGE 4

例文 251

She learned how to bake bread from her friend.

彼女は，パンの焼き方を友だちから習った。

1154 **learn**
ラーン
[ləːrn]

動 ～を学ぶ，～を習う

活用 learn - learned [-d] - learned

3単現 learns [-z]

▶learn to *do* 熟 ～するようになる

1155 **how to *do***
ハウ　トゥ

熟 ～の仕方，どのように～するべきか

1156 **bake**
ベイク
[beik]

動 ～を焼く

活用 bake - baked [-t] - baked

3単現 bakes [-s]

▶a baked potato（ベークドポテト）

▶baker《[ベイカァ]》 名 パン屋

1157 **bread**
ブレッドゥ
[bred]

名 パン

▶a loaf of bread（ひとかたまりのパン）

▶bread and jam（ジャムのついたパン）

文法Check! 42 〈疑問詞＋to不定詞〉

〈疑問詞+to *do*〉で「(疑問詞の意味)＋～するべきか」という意味になります。**how to bake**ならば，「**どのように焼くべきか**」という意味です。ほかに，**what to *do***（何を～するべきか），**when to *do***（いつ～するべきか）などがあります。

例文 252

It is impossible to steal these cherry blossoms.

文法→ p.260 40

これらの桜の花を盗むことは不可能だ。

1158 **impossible**
インパッスィブゥ
[impásəbl]

形 不可能な

cf.→ possible（可能な）（p.282 例文 257）

＋プラス
人を主語にしてI am impossible to steal these cherry blossoms.とは言わないので注意すること。

1159 **steal**
スティーウ
[stiːl]

動 ～を盗む

・活用 steal - stole《ストウゥ》 - stolen《ストウルン》

・3単現 steals [-z]

▶ He stole a bike from the store.
（彼はその店から自転車を盗んだ）

1160 **cherry**
チェリィ
[tʃéri]

名 サクランボ，桜の木

・複数 cherries [-z]

形 サクランボ色の

1161 **blossom**
ブラサム
[blásəm]

名 花

・複数 blossoms [-z]

cf.→ flower（花）（p.23 例文 12）

1162 **cherry blossom**
チェリィ ブラサム

名 桜の花

＋プラス
flowerは一般的な「花」を指すが，blossomはapple blossoms（リンゴの花）やcherry blossoms（桜の花）のように「果樹の花」を指す。

65

例文 253

I have been to the UK twice.

文法→ p.251 38

私は英国［イギリス］に２回行ったことがある。

1163 **to**《トゥ》 [tə]

前 ～に，～へ，～まで（到着点·方向を表す）

反 from（～から）（p.111 例文 96）

▶ We went to the park.（私たちは公園へ行った）

1164 **have**《ハヴ》 **been**《ビン》 **to**《トゥ》 **～**

熟 ～に行ったことがある

プラス

have been to～は「～へ行ったことがある」という経験や，「～へ行ってきたところだ」という完了の意味を表す。have gone to～は「～へ行ってしまった（今はいない）」という結果を表す。

▶ He has gone to Okinawa on vacation.
（彼は休暇で沖縄へ行ってしまった〔今はいない〕）

1165 **UK**《ユーケィ》 [júːkéi]

名 連合王国［イギリス］
（the United Kingdomの略）

プラス

日本でよく使われる「イギリス」の正式名称は，「グレートブリテンおよび北部アイルランド連合王国（the United Kingdom of Great Britain & Northern Ireland）」という。これでは国名が長いので，一般には「連合王国」（the United Kingdom）と呼ばれている。イングランドは連合王国の一部。

1166 **twice**《トゥワイス》 [twais]

副 ２回，２度，２倍

cf.→ once（１度）（p.264 例文 239）

▶ I am twice as old as my brother.
（私は弟の２倍の年齢だ）

例文 254

The minister asked him to continue to trade natural gas.

大臣は，天然ガスの貿易を続けるように彼に頼んだ。

1167 □ **minister**《ミニスタァ》 [mínistər]

名 (イギリス・日本の) 大臣　複数 ministers [-z]

▶ the Prime Minister (総理大臣)

1168 □ **ask**《アスク》 [æsk]

動 ～をたずねる，～を頼む

活用 ask - asked [-t] - asked

3単現 asks [-s]

反 answer (～に答える) (p.257 例文 232)

▶ May I ask a favor of you?
(お願いがあるのですが)

1169 □ **ask**《アスク》 **... to**《トゥ》 ***do***

熟 …に～するように頼む

1170 □ **continue**《コンティニュー》 [kəntínjuː]

動 ～を続ける，続く

活用 continue - continued [-d] - continued

3単現 continues [-z]

1171 □ **trade**《トゥレイドゥ》 [treid]

動 貿易する，取引する

活用 trade - traded [-id] - traded

3単現 trades [treidz]

名 貿易，取引　複数 trades [treidz]

▶ international trade (国際貿易)

▶ free trade (自由貿易)

1172 □ **natural**《ナチュラゥ》 **gas**《ギャス》

名 天然ガス

cf.➡ gas (ガス) (p.189 例文 168)

例文 255

Neither war nor guns make us happy.

文法➡ p.196 27

戦争も銃も，私たちを幸せにはしない。

1173 □ **neither**
ニーザァ 発
[ní:ðər]

形 (どちらの～も)…でない

▶ Neither girl likes skiing.
(どちらの少女もスキーが好きではない)

1174 □ **neither ~ nor ...**
ニーザァ ノァ

熟 ～も…もーでない

▶ My father neither drinks nor smokes.
(父は酒も飲まず，タバコも吸わない)

1175 □ **war**
ウォーア 発
[wɔ:r]

名 戦争

・複数 wars [-z]

・反 peace (平和) (p.136 例文121)

cf.➡ World War Ⅱ(第二次世界大戦)
(p.207 例文186)

1176 □ **gun**
ガン
[gʌn]

名 銃

・複数 guns [-z]

▶ a starting gun
(〔レースなどの〕スタート合図用ピストル)

1177 □ **happy**
ハッピィ
[hǽpi]

形 幸せな，楽しい

・比較 happy - happier - happiest [-ist]

▶ happily 副 幸福に

▶ be happy to～ 熟 ～してうれしい

例文 256

It is often said that dolphins are nervous.

文法➡ p.163 22

イルカは神経質だと，しばしば言われる。

1178
often
オーフン
[ɔ́ːfən]

副 しばしば，よく

・比較 often - more often - most often

➕プラス

頻度《ひんど》を表す副詞

頻度の高い順に，always（いつも），usually（ふつう），often（しばしば），sometimes（ときどき），seldom（めったに〜ない），hardly（ほとんど〜ない），never（決して〜ない）となる。

1179
say
セイ
[sei]

動 〜と言う

・活用 say - said《[セッドゥ]》 - said

・3単現 says [sez]《[セッズ]》 発

1180
It is said (that) 〜.
イティ イズ セッドゥ （ザットゥ）

熟 〜と言われている

1181
dolphin
ダウフィン
[dálfin]

名 イルカ

・複数 dolphins [-z]

▶ dolphin kick（ドルフィンキック〔水泳のバタフライの足のけり方〕）

▶ a dolphin trainer（イルカの調教師）

1182
nervous
ナーヴァス
[nə́ːrvəs]

形 神経質な

▶ get nervous 熟（試験や舞台で）あがる

▶ a nervous person（神経質な人）

例文 257

66

Please move the heavy machine downstairs as soon as possible.

文法➡ p.222 32

できるだけ早く，その重たい機械を階下に動かしてください。

1183 **move**《ムーヴ》 [muːv]

動 ～を動かす，引っ越す，感動させる

活用 move - moved [-d] - moved

3単現 moves [-z]

▶ We are going to move to a new house next week.（私たちは来週新しい家に引っ越す）

1184 **heavy**《ヘヴィ》 [hévi]

形 重い

比較 heavy - heavier - heaviest [-ist]

反 light（軽い）

▶ This stone is too heavy for me to lift.（この石は重すぎて私には持ち上げられない）

1185 **machine**《マシーン》 [məʃíːn]

名 機械

複数 machines [-z]

▶ a washing machine（洗濯機）

1186 **downstairs**《ダウンステァズ》 [daunstéərs]

副 階下へ

反 upstairs（階上へ）

▶ Ken went downstairs.（ケンは階下へ降りて行った）

1187 **possible**《パスィブゥ》 [pásəbl]

形 可能な

反 impossible（不可能な）（p.277 例文 252）

1188 **as**《アズ》 **~ as**《アズ》 **possible**《パスィブゥ》

熟 できるだけ～

同 as ～ as *one* can（p.253 例文 228）

例文 258

In my view, it is necessary for everybody to keep a diary.

文法➡ p.260 40

私の考えでは，だれもが日記をつけることが必要だ。

1189 **view**
ヴュー
[vjuː]

名 意見，ながめ，視界

・複数 views [-z]

・同 opinion（意見）（p.173 例文 153）

▶ different views（異なった意見）

1190 **necessary**
ネセセリ
[nésəseri]

形 必要な

・比較 necessary - more necessary - most necessary

▶ a necessary experience（必要な経験）

1191 **everybody**
エヴリバディ
[évribɑdi]

代 だれでも

・同 everyone（p.22 例文 11）

cf➡ every（すべての）（p.36 例文 25）

1192 **diary**
ダイアリ
[dáiəri]

名 日記

・複数 diaries [-z]

▶ a diary for the year 2014（2014年用の日記）

1193 **keep a diary**
キープ ア ダイアリ

熟 日記をつける

例文 259

Why don't you give Tom another chance?

文法 p.195 26

トムにもう一度チャンスを与えませんか？

1194 **why**

(フ)ワィ

[*h*wai]

副 どうして，なぜ

プラス

why ～？「なぜ?」と聞かれたら「理由」を答える場合は，Because ～．「～だからです」，「目的」を答える場合は，不定詞を用いてTo ～．「～するためです」とする。

1195 **Why don't you ～？**

(フ)ワィ ドントゥ ユー

熟 ～しませんか？（提案を表す）

▶ Why don't you go with us?
（私たちと一緒に行きませんか）

プラス

直訳すれば，「どうしてあなたは～しないのですか」という疑問文だが，「～したらどうですか？」という相手に対する提案の文。

1196 **give**

ギヴ

[giv]

動 ～を与える

活用 give - gave《[ゲイヴ]》 - given《[ギヴン]》

3単現 gives [-z]

1197 **another**

アナザァ

[ənʌ́ðə*r*]

形 別の，もう１つの

代 もう１つ［１人］

▶ one after another 熟 次々と

▶ one another 熟 お互いに

1198 **chance**

チャンス

[tʃæns]

名 機会，チャンス

複数 chances [-iz]

例文 260

It takes half an hour to get to the university by taxi.

文法➡ p.206 30

タクシーで大学に到着するまで，半時間ほどかかる。

1199 □ **half**
ハフ
[hæf]

形 半分の，2分の1の

名 半分　複数 halves [hævz]

▶ Half of eight is four.（8の2分の1は4）

1200 □ **hour**
アウァ
[auə*r*]

名 1時間　複数 hours [-z]

▶ second 名 秒

▶ minute《[ミニットゥ]》 名 分

▶ an hour and a half（1時間半）

1201 □ **get to ～**
ゲットゥ トゥ

熟 ～に到着する

同 arrive at ～（p.55 例文 44）
reach（p.171 例文 151）

1202 □ **university**
ユーニヴァースィティ
[juːnivə́ː*r*səti]

名 大学　複数 universities [-z]

cf.➡ college（大学）（p.262 例文 237）

プラス

university は複数の学部・大学院からなる「総合大学」。college は学部が1つだけの「単科大学」をいうことが多いが，university と同じ意味もある。

1203 □ **taxi**
タクスィ
[tǽksi]

名 タクシー　複数 taxis, taxies [-z]

▶ take a taxi（タクシーに乗る）

1204 □ **by taxi**
バイ タクスィ

熟 タクシーで

▶ by bus 熟 バスで

▶ by bike 熟 自転車で

STAGE 4

例文 261

67

This mystery is quite simple to solve.

この謎は，解くのがかなり簡単だ。

1205 **mystery**
ミステリィ
[míst(ə)ri]

名 不思議（なこと）

複数 mysteries [-z]

▶ mysterious《[ミスティリアス]》 形 不思議な

▶ the mysteries of nature（自然界の不思議）

1206 **quite**
クワイトゥ
[kwait]

副 まったく，かなり

▶ I quite agree with you.
（私はあなたとまったく同じ意見です）

1207 **simple**
スィンプゥ
[simpl]

形 簡単な，質素な

比較 simple - simpler - simplest [-ist]

▶ simply 副 簡単に，質素に

▶ a simple problem（簡単な問題）

▶ Can you explain in simple words?
（簡単な言葉で説明してもらえませんか）

1208 **solve**
サゥヴ
[sɑlv]

動 ～を解決する，～を解く

活用 solve - solved [-d] - solved

3単現 solves [-z]

▶ solution 名 解決

▶ solve a math problem（数学の問題を解く）

例文 262

You had better hurry to school, because you were late for class yesterday.

学校に急いだほうがいいよ，昨日，授業に遅刻したのだから。

1209 □ **had**《ハドゥ》 **better**《ベタァ》 ***do***

熟 ～するのがよい

▶ You had better start before seven a.m.
（午前7時前に出発したほうがよい）

▶ You had better not go there.
（そこに行かないほうがよい）

否定形はhad better not *do*。notの位置に注意。

＋プラス

日本語にすると，「～したほうがよい」とアドバイスのように見えるが，子どもや生徒など立場が下の人に対して使う表現。友人どうしでは使わないほうがよい。

1210 □ **hurry**《ハーリィ》
[hə́:ri]

動 急ぐ

・活用 hurry - hurried [-d] - hurried

・3単現 hurries [-z]

▶ hurry up 熟 急ぐ

名 急ぐこと

1211 □ **late**《レイトゥ》
[leit]

形 遅れた，遅い

・比較 late - later - latest [-ist]（時間が遅い），
late - latter - last（順番が遅い）

副 遅く，遅れて

・反 early（早い，早く）（p.121 例文 106）

1212 □ **be**《ビ》 **late**《レイトゥ》 **for**《フォー》 **～**

熟 ～に遅れる

例文 263

The Japanese government has studied the economic system in China.

文法→ p.250 37

日本政府は中国の経済制度を研究している。

1213 □ **government**
ガヴァンメントゥ つ
[gʌ́vər*n*mənt]

名 政府，政治

複数 governments [-mənts]

▶ clean government（清潔な政治）

▶ government of the people, by the people, for the people（人民の，人民による，人民のための政治）〔リンカーンによるゲティスバーグの演説〕

1214 □ **economic**
イーカナミック ア
[iːkənɑ́mik]

形 経済の

▶ economy《[イカノミィ]》 名 経済

▶ economical《[イーカナミカゥ]》 形 経済的な

▶ economic growth（経済成長）

1215 □ **system**
スィステム
[sístəm]

名 仕組み，制度

複数 systems [-z]

▶ a computer system（コンピューターシステム）

▶ a new tax system（新しい税制）

1216 □ **China**
チャイナァ
[tʃáinə]

名 中国

▶ Chinese 名 中国人［語］ 形 中国（人［語］）の

プラス

中華人民共和国（the People's Republic of China）は世界最大の人口を持つ国。首都は北京（Beijing），公用語は中国語。

例文 264

It's great fun to perform chemical experiments in class.

文法→ p.260 40

授業中に化学実験を行うことは，大きな楽しみである。

1217
□ **fun**
ファン
[fʌn]

名 楽しみ

cf.→ funny 形 おかしい（p.52 例文41）

▶ Have fun!（楽しんでね）

1218
□ **perform**
パフォーム
[pərfɔ́ːrm]

動 ～を行う，～を上演する

・活用 perform - performed [-d] - performed

・3単現 performs [-z]

cf.→ performance 名 上演（p.74 例文63）

1219
□ **chemical**
ケミカゥ
[kémikəl]

形 化学的な，化学の

▶ chemistry 名 化学

▶ chemist 名 化学者

▶ chemical products（化学製品）

▶ chemical changes（化学変化）

1220
□ **experiment**
イクスペリメントゥ
[ikspérimənt]

名 実験

・複数 experiments [-ts]

▶ an experiment with X-rays
（エックス線での実験）

▶ The experiment failed.（その実験は失敗した）

68

例文 265

One of my teammates eats hamburgers and pizza for a dinner every day.

私のチームメイトの１人は，毎日夕食として
ハンバーガーとピザを食べる。

1221 **one of ～**
ワン　オヴ

熟 ～の１つ［１人］

▶ I know one of the girls.
（私はその少女たちの１人を知っている）

1222 **teammate**
ティームメイトゥ
[tíːmmeit]

名 チームメート

複数 teammates [-meits]

▶ Ken is my teammate.
（ケンは私のチームメイトです）

1223 **hamburger**
ハンバーガァ
[hǽmbəːrgər]

名 ハンバーガー

複数 hamburgers [-z]

1224 **pizza**
ピーツァ
[píːtsə]

名 ピザ

▶ a piece of pizza（ピザ１切れ）

▶ bake a pizza（ピザを焼く）

1225 **dinner**
ディナァ
[dínər]

名 夕食

複数 dinners [-z]

同 supper《[サパ]》（dinnerより簡単な夕食）

cf. breakfast（朝食）（p.115 例文 100）

▶ lunch（昼食）

▶ I went to the movie after dinner.
（私は夕食後に映画へ行った）

例文 **266**

He is good at making speeches on the role of women.

文法➡ p.214 31

彼は，女性の役割について演説をするのが得意だ。

1226 □ **be《ビ》 good《グッドゥ》 at《アットゥ》 ～**

熟 ～が得意だ

反 be poor at ～ 熟 ～が下手だ

▶ My brother is good at playing soccer.
（兄はサッカーが上手です）
＝My brother is a good soccer player.

1227 □ **make《メイク》 a《ア》 speech《スピーチ》**

熟 演説をする

cf.➡ speech（演説）（p.120 例文 105）

1228 □ **role《ロウゥ》**
[roul]

名 役割，役

複数 roles [-z]

▶ a key role（重要な役割）

▶ a major role（主要な役割）

▶ play an important role（大切な役割を果たす）

1229 □ **woman《ウマン》**
[wúmən]

名 女性

複数 women《[ウィミン]》 [wímin] 発

cf.➡ man（男性）（p.221 例文 200）

▶ a beautiful woman（美しい女性）

例文 267

The airport is crowded with people who want to see the actress.

空港は，その女優を見たい人で混んでいる。

1230 **airport**
エアポートゥ
[éərpɔːrt]

名 空港　複数 airports [-pɔːrts]
▶ a busy airport（混雑している空港）
▶ an international airport（国際空港）

1231 **crowded**
クラウディッドゥ
[kráudid]

形 満員の，人の多い
▶ a classroom crowded with students
（生徒がいっぱいいる教室）

1232 **be crowded with ~**
ビ クラウディッドゥ ウィズ

熟 ～で混んでいる

1233 **who**
フー
[huː]

代 だれが，
（関係代名詞節で）～する［である］（人）

1234 **actress**
アクトゥレス
[ǽktrəs]

名 女優　複数 actresses [-iz]
cf.→ actor（俳優）（p.245 例文 224）
▶ a movie actress（映画女優）

文法Check! 43 関係代名詞（主格）

関係代名詞で始まる語のグループは，前にある名詞（**先行詞**）を説明します。文の主語の役割をするとき，先行詞が**人**なら**who** / **that**，**人以外**なら**which** / **that**を使います。関係代名詞の**直後に動詞**があるときは，その関係代名詞は**主格**（主語の役割）です。

例文 268

He pointed his finger at the passenger whose sweater was similar to mine.

彼は，私のと似たセーターを着た乗客を指さした。

1235 **point**
point《ポイントゥ》
[pɔint]

動 指さす，～を向ける
- 活用 point - pointed [-id] - pointed
- 3単現 points [pɔints]

名 要点，地点
- 複数 points [pɔints]

1236 **passenger**
passenger《パセンヂァ》
[pǽsəndʒər]

名 乗客
- 複数 passengers [-z]
- ▶ a passenger train（旅客列車）

1237 **sweater**
sweater《スウェタァ》 発
[swétər]

名 セーター
- 複数 sweaters [-z]
- ▶ knit a sweater（セーターを編む）

1238 **similar**
similar《スィミラァ》
[símələr]

形 よく似た，類似した
- 比較 similar - more similar - most similar

1239 **be similar to ~**
be《ビ》 similar《スィミラァ》 to《トゥ》 ~

熟 ～に似ている

文法Check! 44 関係代名詞（所有格）

先行詞が人でも人以外でも**whose**を使い，**所有格**の役割をします。所有格の役割なので，**後ろに名詞**がきます。

例文 269

69

Where did he lose the soccer ball that his father gave him as a birthday present?

どこで彼は，誕生日プレゼントとして父親が与えたサッカーボールをなくしたのですか？

1240 **lose**
ルーズ 発
[luːz]

動 ～を失う
活用 lose - lost《ロ(ー)ストゥ》 - lost
3単現 loses [-iz]
▶ lose one's job（失業する）
▶ loss《ロス》 名 失うこと

1241 **ball**
ボーゥ
[bɔːl]

名 （球技用の）ボール　複数 balls [-z]
▶ catch a ball（ボールをとる）

1242 **him**
ヒム
[him]

代 彼に，彼を（heの目的格）
▶ We like him.（私たちは彼が好きです）

1243 **as**
アズ
[əz]

前 ～として
接 ～のように，～するとき（に），～なので

1244 **birthday**
バースディ
[bə́ːrθdei]

名 誕生日　複数 birthdays [-z]
▶ a birthday party（誕生日パーティー）

文法Check! 45 関係代名詞（目的格）

関係代名詞で始まる語のグループが**目的語**の役割をします。先行詞が**人**なら**who(m)/that**，**人以外**なら**which/that**を使います。目的格の関係代名詞は**省略が可能**です。関係代名詞の**直後にS＋V**の組み合わせがあるときは，目的格です。

例文 270

It is surprising that the princess was a film star.

文法➡ p.163 22

その王女が映画スターだったとは驚きだ。

1245 **surprising**
サプライズィング
[sə*r*práiziŋ]

形 驚くべき

比較 surprising - more surprising
- most surprising

cf.➡ surprised 形 驚いた（p.182 例文162）

▶ surprise 動 ～を驚かす

▶ It is surprising that he passed the test.
（彼がそのテストに合格したとは驚きだ）

1246 **princess**
プリンスィス
[prínsis]

名 王女

複数 princesses [-iz]

反 prince（王子）（p.239 例文218）

1247 **film**
フィウム
[film]

名 映画

複数 films [-z]

同 movie（p.101 例文86）

▶ a foreign film（外国映画）

▶ a film director（映画監督）

1248 **star**
スターァ
[stɑː*r*]

名 星, スター

複数 stars [-z]

▶ a falling star（流れ星）

▶ a baseball star（野球のスター選手）

例文 271

I can't imagine that anybody will accept the plan.

文法➡ p.163 22

だれも，その計画を受け入れるとは思えない。

1249 **imagine**
イマヂン
[imǽdʒin]

動 ～を想像する，～と思う

・活用 image - imagined [-d] - imagined

・3単現 imagines [-z]

▶ imagination《[イマヂネイション]》 名 想像

1250 **anybody**
エニバディ
[énibɑdi]

代 (否定文で) だれも，(疑問文で) だれか (肯定文で) だれでも

cf.➡ somebody (だれか) (p.312 例文 287)

1251 **accept**
アクセプトゥ
[æksépt]

動 ～を受け入れる，～を認める

・活用 accept - accepted [-id] - accepted

・3単現 accepts [-sépts]

・反 refuse (～を断る) (p.222 例文 201)

▶ accept an order (注文に応じる)

1252 **plan**
プラン
[plæn]

名 計画

・複数 plans [-z]

▶ five-year plan (5か年計画)

▶ stop a plan (計画を中止する)

動 ～の計画をたてる

・活用 plan - planned [-d] - planned

・3単現 plans [-z]

例文 272

They compared the cost of living between both prefectures.

彼らは両県の生活費を比較した。

1253 **compare**
コンペァ
[kəmpéər]

動 ～を比較する

活用 compare - compared [-d] - compared
3単現 compares [-z]
▶ compare ～ with... 熟 ～と…を比較する
▶ compare ～ to... 熟 ～を…にたとえる

1254 **cost**
コ(ー)ストゥ
[kɔ(ː)st]

名 費用

複数 costs [kɔ(ː)sts]

動 (金が) かかる

活用 cost - cost - cost
3単現 costs [kɔ(ː)sts]
▶ the cost of education (教育費)
▶ How much will it cost?
(それはいくらになるでしょうか)

1255 **living**
リヴィング
[líviŋ]

名 生活

複数 livings [-z]
cf.→ live 動 住む (p.98 例文 83)
▶ my cost of living (私の生活費)

1256 **prefecture**
プリーフェクチァ
[príːfektʃər]

名 都, 道, 府, 県

複数 prefectures [-z]
cf.→ state (州) (p.212 例文 191)
▶ Kyoto Prefecture (京都府)

例文 273

70

Fine arts cured a huge hole in my heart.

美術が私の心の巨大な穴を癒《いや》してくれた。

1257 **fine arts**
ファイン　アーツ

名 美術，芸術

cf.→ art（芸術）（p.105 例文 90）

1258 **cure**
キュア
[kjuər]

動 ～を治療する，～を治す

活用 cure - cured [-d] - cured

3単現 cures [-z]

▶ This medicine cured me of my headache.
（この薬で私の頭痛が治った）

1259 **huge**
ヒューヂ
[hjuːdʒ]

形 巨大な

比較 huge - huger - hugest [-ist]

▶ a huge animal（巨大な動物）

1260 **hole**
ホウゥ
[houl]

名 穴，破れ目，（動物の）巣穴

複数 holes [-z]

▶ My socks are full of holes.
（ぼくの靴下は穴だらけだ）

▶ a rabbit hole（ウサギの穴）

例文 274

Dr. Williams was injured in the traffic accident.

文法➜ p.233 35

ウイリアムズ博士は交通事故でけがをした。

1261 □ **Dr.**
ダクタァ
[dáktər]

名 博士（doctorの略）

▶ Dr.Yamanaka（山中博士）

1262 □ **injure**
インヂァ 発
[índʒər]

動 ～にけがをさせる，～を傷つける

活用 injure - injured [-d] - injured

3単現 injures [-z]

cf➜ hurt（～を傷つける）（p.165 例文 149）

▶ Smoking will injure your health.
（喫煙は健康を害する）

1263 □ **traffic**
トゥラフィック
[trǽfik]

名 交通，往来

▶ a traffic light（信号）

▶ There is a lot of traffic on this street.
（この通りは交通量が多い）

1264 □ **accident**
アクスィデントゥ
[ǽksidənt]

名 事故，災難

複数 accidents [-dənts]

▶ have an accident（事故にあう）

▶ a traffic accident（交通事故）

例文 275

His musical talent is below the level of his sister's.

彼の音楽の才能は，妹［姉］の水準を下回る。

1265 **musical**
ミューズィカゥ
[mjúːzikəl]

形 音楽の
名 ミュージカル

複数 musicals [-z]

cf.→ music 名 音楽（p.21 例文10）

1266 **talent**
タレントゥ
[tǽlənt]

名 （生まれつきの）才能，才能のある人

複数 talents [-lənts]

プラス
日本語の「タレント」（芸能人を表す）は和製英語。「テレビタレント」は英語ではTV starやTV personalityと言う。

1267 **below**
ビロゥ
[bəlóu]

前 ～の下に，～の下の
副 下に，低い所に

反 above 前 ～の上に 副 上に

▶ The sun has sunk below the horizon.
（太陽が地平線の下に沈んだ）

1268 **level**
レヴェゥ
[lévəl]

名 水準，水平

複数 levels [-z]

▶ The students' level of English is quite high.
（生徒たちの英語の水準はかなり高い）

▶ 3.000 meters above sea level
（標高［海抜］3000メートル）

例文 276

The farmer provides his horse with carrots every morning.

その農夫は毎朝，自分の馬にニンジンを与える。

1269 □ **farmer**《ファーマァ》 [fɑ́ːrmər]

名 農場経営者，農夫

- 複数 farmers [-z]
- cf.➡ farm 名 農場（p.159 例文143）

1270 □ **provide**《プロヴァイドゥ》 [prəváid]

動 ～を供給する，用意する

- 活用 provide - provided [-id] - provided
- 3単現 provides [-váidz]
- ▶ Cows provide milk.（雌牛は牛乳を与えてくれる）

1271 □ **provide**《プロヴァイドゥ》 **~ with**《ウィズ》 **...**

熟 ～に…を供給する

1272 □ **horse**《ホース》 [hɔːrs]

名 馬

- 複数 horses [-iz]
- ▶ ride a horse（馬に乗る）
- ▶ get off a horse（馬から降りる）
- ▶ You can lead [take] a house to water, but you cannot make him [it] drink.
（馬を水際まで連れて行くことはできるが，水を飲ませることはできない→やる気のない者にいくらチャンスを与えてもむだだ）〔ことわざ〕

1273 □ **carrot**《キャロットゥ》 [kǽrət]

名 ニンジン

- 複数 carrots [kǽrəts]
- ▶ carrot and stick（あめとむち〔ほうびと罰〕）

例文 277

71

Mary is afraid of barking dogs.

文法➡ p.303 46

メアリーは吠《ほ》えているイヌを怖がる。

1274 □ **afraid**

アフレイドゥ

[əfréid]

形 恐れて，心配して

▶ I'm afraid .... 熟 申し訳ないのですが…

1275 □ **be afraid of ～**

ビ　アフレイドゥ オヴ

熟 ～を怖がる，～ではないかと心配する

▶ Don't be afraid of making mistakes.
（失敗を恐れてはいけない）

1276 □ **bark**

バーク

[bɑːrk]

動 吠える

活用 bark - barked [-t] - barked

3単現 barks [-s]

▶ bark at ～ 熟 ～に向かって吠える

▶ A barking dog seldom bites.
（よく吠えるイヌはめったにかまない）〔ことわざ〕

1277 □ **dog**

ドーグ

[dɔːg]

名 イヌ

複数 dogs [-z]

▶ have a dog（イヌを飼う）

▶ take *one's* dog for a walk
（イヌを散歩に連れて行く）

プラス

いろいろな dog

Seeing Eye dog（盲導犬），police dog（警察犬）
hunting dog（猟犬），guard dog（警備犬）など

例文 278

Do you know the lady standing on the corner?

角に立っている女性を知っていますか？

1278 □ **lady**
レイディ
[léidi]

名 女性，婦人　複数 ladies [-z]

プラス
woman（例文 266）よりていねいで，古風な言い方。

反 gentleman（紳士）（p.229 例文 208）

▶ the First Lady（ファーストレディ，アメリカ大統領夫人）

▶ Ladies and gentlemen!（〔演説会場などで〕みなさん）

1279 □ **stand**
スタンドゥ
[stænd]

動 立つ

活用 stand - stood《ストゥッドゥ》 - stood

3単現 stands [stændz]

反 sit 動 すわる（p.25 例文 14）

▶ stand for ～ 熟 ～を表す

▶ stand up 熟 立ち上がる

1280 □ **corner**
コーナァ
[kɔ́ːnər]

名 角　複数 corners [-z]

▶ Turn to the left at the corner over there.
（向こうの角を左に曲がりなさい）

文法Check! 46 現在分詞

現在分詞とは，動詞にingをつけたもので，「**～している**」という意味になります。これは進行形でも使われますが，**名詞を説明する**役割もあります。例文 277のように現在分詞が単独で説明する場合には，**前→後ろ**という説明のし方になり，**barking**が**dogs**を説明し，「**吠えているイヌ**」となります。一方，まとまった意味の2語以上で説明するときは，例文 278で**standing in the corner**がその前のthe ladyを説明しているように，**後ろ→前**になります。

例文 279

The language used on the island is French.

文法→ p.305 47

その島で使われている言語はフランス語です。

1281 **language**
ラングウィッチ 発
[lǽŋgwidʒ]

名 言語，ことば

複数 languages [-iz]

▶ a foreign language（外国語）

▶ a language school（語学学校）

▶ language learning（語学学習）

1282 **use**
ユーズ
[juːz]

動 ～を使う

活用 use - used [-d] - used

3単現 uses [-iz]

▶ use a computer for work
（仕事のためにコンピューターを使う）

名 使用[juːs]《[ユース]》 発

1283 **island**
アイランドゥ 発
[áilənd]

名 島

複数 islands [-ləndz]

▶ the Hawaiian Islands（ハワイ諸島）

1284 **French**
フレンチ
[frentʃ]

名 フランス語［人］

形 フランス（語［人］）の

cf.→ France（フランス）（p.82 例文 71）

例文 280

There are pieces of broken vase on the road.

道路には壊れた花びんの破片がある。

1285 **piece**《ピース》 [piːs]

名 1つ，1個　複数 pieces [-iz]

プラス
「平和」を表すpeace（例文121）と同じ発音。

1286 **a**《ア》 **piece**《ピース》 **of**《オヴ》 **~**

熟 1つの～

▶a piece of white chalk（白いチョーク1本）

1287 **vase**《ヴェイス》 [veis]　発

名 花びん

複数 vases [-iz]

1288 **road**《ロウドゥ》 [roud]

名 道路

複数 roads [roudz]

▶a country road（田舎道）

▶a straight road（まっすぐな道）

▶All roads lead to Rome.
（すべての道はローマに通ず）〔ことわざ〕

文法Check! 47 過去分詞

過去分詞は「**～される**」という意味で，規則動詞は原則的に**ed**をつけてつくり，不規則動詞は活用を覚える必要があります。現在分詞と同じように名詞を説明し，**1語なら前→後ろ**（例文280 broken→base），まとまった意味の**2語以上なら後ろ→前**（例文279 used on the island→the language）となります。

72

例文 281

The blueberry field was separated by the stream a long time ago.

文法➡ p.233 35

ブルーベリー畑は，ずっと昔にその小川で分けられた。

1289 □ **blueberry**
ブルーベリ
[blú:beri]

名 ブルーベリー

・複数 blueberries [-z]

1290 □ **separate**
セパレイトゥ
[sépəreit]

動 ～を隔てる，～を区分する

・活用 separate - separated [-id] - separated

・3単現 separates [-reits]

▶ separate an egg（卵を黄身と白身とに分ける）

形 （～から）離れた [sépərət]《セパレットゥ》 発

1291 □ **stream**
ストゥリーム
[stri:m]

名 小川，流れ

・複数 streams [-z]

▶ a stream of cold air（冷たい空気の流れ）

▶ the Gulf Stream（メキシコ湾流）

1292 □ **a long time ago**
ア ロング タイム アゴウ

熟 ずっと昔に

cf.➡ ago（～前に）（p.32 例文 21）

・同 long ago（昔）（p.228 例文 207）

例文 282

I want to take a trip, so could you lend me some money?

私は旅行に行きたい，だから私にいくらかお金を貸してくれませんか？

1293 **want**《ウァントゥ》 [wɑnt]

動 ～をほしい(と思う)

活用 want - wanted [-id] - wanted

3単現 wants [wɑnts]

名 不足，必要

1294 **want**《ウァントゥ》 **to**《トゥ》 ***do***

熟 ～したい

プラス
would like to *do*は「したいのですが」の意味で，want to *do*よりていねいな表現になる。(p.194 例文173)

1295 **take**《テイク》 **a**《ア》 **trip**《トリップ》

熟 旅行をする

cf.➡ trip(旅行)(p.32 例文21)

1296 **Could**《クッドゥ》 **you**《ユー》 **～?**

熟 ～してくださいますか？
(ていねいな表現)

1297 **lend**《レンドゥ》 [lend]

動 ～を貸す

活用 lend - lent《[レントゥ]》 - lent

3単現 lends [lendz]

反 borrow(～を借りる)(p.85 例文74)

▶ Please lend me your hand.
(手を貸してください)

例文 283

My grandfather suffered from a stomach disease recently.

祖父は最近，胃の病気を患《わずら》った。

1298 **grandfather**
グラン(ドゥ)ファザァ
[grǽndfɑːðər]

名 祖父　複数 grandfathers [-z]
同 grandpa（おじいちゃん）（p.230 例文 209）
反 grandmother（祖母）（p.187 例文 167）
cf. grandparent（祖父，祖母）（p.233 例文 212）

1299 **suffer**
サファ
[sʌ́fər]

動 ～を苦しむ，病気にかかる
活用 suffer - suffered [-d] - suffered
3単現 suffers [-z]

1300 **suffer from ~**
サファ　フラム

熟 ～に苦しむ，～を患う
▶ suffer from hunger（飢えに苦しむ）

1301 **stomach**
スタマック　発
[stʌ́mək]

名 胃，腹
複数 stomachs [-s]
▶ stomachache《[スタマクエイク]》 名 腹痛，胃痛

1302 **disease**
ディズィーズ　発
[dizíːz]

名 病気　複数 diseases [-iz]
▶ sick《[スィク]》 形 病気の
▶ ill《[イゥ]》 形 病気の
▶ a heart disease（心臓病）

1303 **recently**
リースントゥリ
[ríːsəntli]

副 最近（現在完了・過去の文で使われる）

例文 284

She will probably invent various industrial robots in the future.

彼女は将来，いろいろな工業ロボットを発明するだろう。

1304 **probably**
プラバブリ
[prɑ́bəbli]

副 たぶん，おそらく

プラス
probablyの他にperhaps（p.139 例文124），maybeも「たぶん」の意味を表すが，probablyは，perhapsやmaybeよりも確信度が高い場合に使われる。

1305 **invent**
インヴェントゥ
[invént]

動 ～を発明する

活用 invent - invented [-id] - invented
3単現 invents [-vents]
▶ Who invented telephone?
（だれが電話を発明しましたか）

1306 **various**
ヴェアリアス
[véəriəs]

形 いろいろな

▶ variety《[ヴェライエティ]》 名 多様性

1307 **industrial**
インダストゥリアゥ
[indʌ́striəl]

形 産業の，工業の

▶ industry《[インダストリ]》 名 産業，工業
▶ the Industrial Revolution
（〔イギリスの〕産業革命）

1308 **robot**
ロウバットゥ
[róubət]

名 ロボット

複数 robots [-bəts]

STAGE 4

例文 285

73

I disagree completely with my wife on the policy.

私はその政策で，妻とは完全に意見が異なる。

1309 disagree
ディサグリー
[disəgríː]

動 ～と一致しない，～に反対する

活用 disagree - disagreed [-d] - disagreed

3単現 disagrees [-z]

反 agree（賛成する）（p.29 例文 18）

1310 disagree with ～
ディサグリー　ウィズ

熟 ～と一致しない，～に反対する

反 agree with ～（～に賛成する）（p.29 例文 18）

▶ I disagree with you on the matter.
（その件に関して私はあなたと意見が違う）

1311 wife
ワイフ
[waif]

名 妻

複数 wives《[ワイヴズ]》 [waivz]

反 husband（夫）（p.70 例文 59）

1312 policy
パリスィ
[pάləsi]

名 政策，信条

複数 policies [-z]

▶ follow a policy（政策に従う）

▶ the foreign policy（外交政策）

▶ a business policy（営業方針）

例文 286

I think he is brave rather than wise.

私は，彼は賢いというよりも，むしろ勇敢だと思う。

1313 □ **think**
シンク
[θiŋk]

動 ～と思う，～と考える

・活用 think - thought《[ソートゥ]》 - thought

・3単現 thinks [-s]

▶think about ～ 熟 ～について考える

＋プラス
「それはよい考えではないと思う」というときは，英語ではふつうthinkのほうを否定して，I don't think (that) it's a good idea.という。日本語のように考えて，I think (that) it isn't a good idea.とはほとんどいわないので注意しよう。

1314 □ **brave**
ブレイヴ
[breiv]

形 勇敢な，勇気のある

・比較 brave - braver - bravest [-ist]

cf.➡ courage（勇気）（p.84 例文 73）

▶a brave decision（勇気ある決断）

1315 □ **rather**
ラザァ
[rǽðər]

副 むしろ，かなり

▶That dog is rather old.
（あのイヌはかなり年老いている）

1316 □ **rather than ～**
ラザァ ザン

熟 ～よりむしろ

1317 □ **wise**
ワイズ
[waiz]

形 賢い

・比較 wise - wiser - wisest [-ist]

cf.➡ clever（利口な）（p.65 例文 54）
smart（利口な）（p.220 例文 199）

▶a wise man（賢い人）

例文 287

"What's the matter?" "Somebody stole my passport at the airport."

「どうしたの?」「だれかが空港で私のパスポートを盗んだんだ」

1318 **matter**
マタァ
[mǽtər]

名 問題，事がら，困ったこと

複数 matters [-z]

▶ a personal matter（個人的な問題）

▶ money matters（金銭問題）

▶ There is nothing the matter with my bike.
（私の自転車はどこも故障していない）

1319 **What's the matter?**
(フ)ワッツ　ザ　マタァ

熟 どうしたの?

プラス

相手が困っていたり，調子が悪そうなときによく使われる表現。
What's wrong (with you)? や
Is (there) something wrong with you?
ということもある（p.110 例文 95）。

1320 **somebody**
サムバディ
[sʌ́mbɑdi]

代 だれか

同 someone（p.27 例文 16）

cf. anybody（だれも，だれか，だれでも）
（p.296 例文 271）

1321 **passport**
パスポートゥ
[pǽspɔːrt]

名 パスポート，旅券

複数 passports [-pɔːrts]

例文 288

The fight over the issue destroyed the relationship among the directors.

その問題に関する争いが，重役たちの関係を壊した。

1322 **fight**
ファイトゥ
[fait]

名 戦い，勝負 複数 fights [faits]
▶ cause a fight（戦いを引きおこす）

動 戦う，～と戦う
活用 fight - fought《フォートゥ》 - fought
3単現 fights [faits]

1323 **issue**
イシュー 発
[íʃuː]

名 問題，論点，発行
複数 issues [-z]
▶ an environmental issue（環境問題）

1324 **destroy**
ディストゥロイ
[distrɔ́i]

動 ～を壊す
活用 destroy - destroyed [-d] - destroyed
3単現 destroys [-z]
▶ Those houses were destroyed by an earthquake.（あれらの家は地震で壊された）

1325 **relationship**
リレイションシップ
[riléiʃənʃip]

名 関係
複数 relationships [-s]
▶ the relationship between Japan and China（日中関係）

1326 **director**
ディレクタァ
[dəréktər]

名 重役，長官，（映画・演劇などの）監督
複数 directors [-z]

例文 289

74

She was kind enough to open the door for the kid.

彼女は，子どもにドアを開けてあげるほど親切だった。

1327 **kind**《カインドゥ》 [kaind]

形 親切な，やさしい

比較 kind - kinder - kindest [-ist]

▶ be kind to ～ 熟 ～に親切である

1328 **... enough**《イナフ》 **to**《トゥ》 ***do***

熟 ～するだけ十分に…，十分…なので～できる

▶ She is rich enough to buy a car.
（彼女は車が買えるくらいお金持ちです）

1329 **open**《オウプン》 [óupən]

動 ～を開ける

活用 open - opened [-d] - opened

3単現 opens [-z]

反 close（～を閉める）（p.259 例文 234）

1330 **door**《ドーァ》 [dɔːr]

名 ドア，戸　複数 doors [-z]

▶ knock at the door（戸をたたく）

1331 **kid**《キッドゥ》 [kid]

名 子ども　複数 kids [kidz]

同 child（p.250 例文 225）

文法Check! 48 〈... enough to *do*〉

前にある形容詞や副詞を説明する表現で，「***do*** **するのに十分なほど…**」「***do*** **してくれるほどに…**」という意味です。

例文 290

She is too sleepy to notice the danger.

彼女は眠すぎて，その危険性に気づかない。

1332 **too《トゥー》 ... to《トゥ》 *do***

熟 …すぎて～できない

▶ He was too tired to work any more.
（彼は疲れすぎてもう働けなかった）

1333 **sleepy《スリーピィ》**
[slíːpi]

形 眠い，眠そうな

比較 sleepy - more sleepy - most sleepy

cf.→ sleep 動 眠る（p.146 例文131）

▶ I'm sleepy.（私は眠い）

1334 **notice《ノウティス》**
[nóutis]

動 ～に気づく

活用 notice - noticed [-t] - noticed

3単現 notices [-iz]

1335 **danger《デインヂァ》**
[déindʒər]

名 危険

複数 dangers [-z]

反 safe（安全）（p.60 例文49）

cf.→ dangerous 形 危険な（p.154 例文138）

文法Check! 49 〈too ... to *do*〉

「…すぎる」という意味のtooにto *do*がついており，もともとは「***do*** **するのには…すぎる**」ということです。例文290は「危険に気づくには眠すぎる」という意味ですが，それを自然な日本語にすると「眠すぎて危険に気づかない」となります。これは，〈**so ... that S cannot *do***〉で書きかえが可能です。

例文290＝She is **so** sleepy **that** she **cannot** notice the danger.

STAGE 4

例文 291

My toothache is so bad that I cannot go to the parade with my neighbors.

私は歯痛がひどいので，近所の人とパレードに行くことができない。

1336 **toothache**
トゥースエイク 発
[tú:θeik]

名 歯痛　複数 toothaches [-s]

▶ I have a toothache.（歯が痛い）

プラス
病気・症状のいろいろ
headache（頭痛），stomachache（腹痛／胃痛），
fever（熱），chill（寒気），sick（吐き気），
cough（せき）など

1337 **so … that ～**
ソウ　ザトゥ

熟 とても…なので～

▶ That river is so deep that I can't swim in it.
（あの川はとても深いので，私は泳ぐことができない）

1338 **parade**
パレイドゥ
[pəréid]

名 行進，パレード　複数 parades [-réidz]
動 行進する
活用 parade - paraded [-id] - paraded
3単現 parades [-réidz]

1339 **neighbor**
ネイバァ
[néibə*r*]

名 隣人，近所の人　複数 neighbors [-z]

▶ neighborhood《[ネイバァフッドゥ]》 名 近所

文法Check! 50 〈so ... that S cannot *do*〉

この構文は「**とても…なので，Sは*do*することができない**」という意味です。これは，〈**too ... to *do***〉で書きかえが可能です。

例文291 ＝My toothache is **too** bad **to** go to the parade with my neighbors.

例文 292

I take part in this speech contest every year.

私は毎年このスピーチコンテストに参加します。

1340 □ **take《テイㇰ》 part《パートゥ》 in《イン》 ～**

熟 ～に参加する

cf.→ part（部分）（p.235 例文 214）

▶ take part in a race（レースに参加する）

1341 □ **contest《カンテストゥ》**

[kántest]

名 大会，コンテスト，競技

・複数 contests [-tests]

▶ a costume contest（仮装コンテスト）

▶ win a contest（競争に勝つ）

▶ a contest for the championship（決勝戦）

1342 □ **every《エヴㇼ》 year《イァ》**

熟 毎年

▶ every four years（４年ごと）

▶ every other year（１年おきに）

▶ The music festival is held every year in summer.
（その音楽祭は毎年夏に開かれる）

75

例文 293

A decrease in the birth rate has caused serious damage to our community.

文法➡ p.250 37

出生率の低下は，私たちの地域社会に深刻な悪影響を引きおこしている。

1343 **decrease**
ディークリース ア
[díːkriːs]

名 低下，減少　複数 decreases [-iz]
▶ a decrease of five percent（5％の減少）
動 減少する [dikríːs] ア
活用 decrease - decreased [-t] - decreased
3単現 decreases [-iz]
反 increase（増加する）（p.62 例文 51）

1344 **birth**
バース
[bəːrθ]

名 出生，誕生　複数 births [-s]

1345 **rate**
レイトゥ
[reit]

名 率，割合　複数 rates [reits]
▶ the exchange rate（為替レート）

1346 **birth rate**
バース　レイトゥ

名 出生率

1347 **serious**
スィリアス
[síəriəs]

形 重大な，危険な，まじめな
▶ seriously 副 重大に，まじめに

1348 **damage**
ダミッヂ
[dǽmidʒ]

名 損害，悪影響　複数 damages [-iz]
動 ～に損害を与える
活用 damage - damaged [-d] - damaged
3単現 damages [-iz]

1349 **community**
コミューニティ
[kəmjúːnəti]

名 地域社会　複数 communities [-z]
▶ the local community（〔自分の住む〕地域社会）

例文 294

The designer made a monument with this metal object.

そのデザイナーは，この金属の物体で記念碑をつくった。

1350 **designer**
ディザイナァ
[dizáinər]

名 デザイナー，設計技師
複数 designers [-z]
cf. design 動 ～を設計する（p.65 例文 54）
▶ a fashion designer（ファッションデザイナー）

1351 **monument**
マニュメントゥ
[mʌ́njumənt]

名 記念碑，記念物
複数 monuments [-mənts]

1352 **metal**
メトウゥ
[métl]

名 金属
複数 metals [-z]
▶ a heavy metal（重金属）
▶ Coins are made of metal.
（コインは金属でできている）

1353 **object**
アブヂクトゥ ア
[ʌ́bdʒikt]

名 物体，対象，目的
複数 objects [-dʒikts]
▶ a main object（主な目的）
動 反対する [əbdʒékt] ア
活用 object - objected [-id] - objected
3単現 objects [əbdʒékts]
▶ I object to the plan.（私はその計画に反対だ）

例文 295

Police officers protect citizens from terror.

警察官は恐怖から市民を保護します。

1354 **police officer**

パリース　オフィサァ

[pəlíːs ɔ́fisər]

名 警察官

複数 police officers [-z]

cf. police（警察）（p.155 例文 139）

プラス

police（警察）は，警察官の集合体として常に複数扱いされる名詞。1人1人の警察官についていうときは，police officerを使う。

1355 **protect**

プロテクトゥ

[prətékt]

動 ～を保護する，～を守る

活用 protect - protected [-id] - protected

3単現 protects [-tékts]

▶ protect human rights（人権を守る）

▶ protection《プロテクション》 名 保護

1356 **citizen**

スィティズン

[sítizən]

名 市民，国民

複数 citizens [-z]

▶ the citizens of Tokyo（東京都民）

1357 **terror**

テラァ

[térər]

名（非常な）恐怖

複数 terrors [-z]

▶ terrible《テリブゥ》 形 ひどい，恐ろしい

例文 296

The politician celebrated my success at business.

その政治家は，私の仕事での成功をたたえた。

1358
□ politician
パリティシャン
[pɑlətíʃən]

名 政治家

▶ politics《パリティクス》 名 政治，政治学

1359
□ celebrate
セレブレイトゥ
[séləbreit]

動 ～を祝う

活用 celebrate - celebrated [-id] - celebrated

3単現 celebrates [séləbreits]

▶ celebration《セレブレイション》 名 祝賀会

1360
□ success
サクセス
[səksés]

名 成功

複数 successes [-iz]

▶ succeed《サクシードゥ》 動 ～に成功する

▶ He has a great chance of success.
（彼には大いに成功の見込みがある）

cf.→ successful 形 成功した（p.324 例文 299）

1361
□ business
ビズネス
[bíznəs]

名 仕事，商売

複数 businesses [-iz]

同 work（p.270 例文 245）
job（p.273 例文 248）

▶ poor business（うまくいかない商売）

例文 297

76

We regarded her positive suggestion as helpful.

私たちは，彼女の前向きな提案が有用だとみなした。

1362 □ **regard**
リガーァドゥ
[rigáːrd]

動 ～とみなす

・活用 regard - regarded [-id] - regarded

・3単現 regards [-gáːrdz]

1363 □ **regard ～ as ...**
リガーァドゥ　アズ

熟 ～を…とみなす

▶ I regard her as my best friend.
（私は彼女を一番の親友だと思っている）

1364 □ **positive**
パズィティヴ
[pázətiv]

形 前向きの，確固たる

・比較 positive - more positive - most positive

▶ have a positive thinking
（前向きな考え方をする）

▶ a positive promise（確約）

1365 □ **suggestion**
サ(グ)ヂェスチョン
[səgdʒéstʃən]

名 提案

・複数 suggestions [-z]

▶ suggest《[サ(グ)ヂェストゥ]》 動 ～を提案する

▶ accept his suggestion
（彼の提案を受け入れる）

1366 □ **helpful**
ヘゥプフゥ
[hélpfəl]

形 有用な，助けになる

・比較 helpful - more helpful - most helpful

cf.➡ help 動 ～を助ける（p.95 例文 80）

例文 298

The bird in the cage was scared because a cat came toward it.

文法→ p.233 35

ネコが向かってきたので，かごの中の鳥はおびえた。

1367 **cage**
ケイヂ
[keidʒ]

名 鳥かご，おり
・複数 cages [-iz]

1368 **scare**
スケァ
[skeər]

動 ～を怖がらせる
・活用 scare - scared [-d] - scared
・3単現 scares [-z]
▶ be scared of [at] ～ 熟 ～を怖がる
▶ They were scared and ran away.
（彼らは怖がって逃げた）

1369 **cat**
キャットゥ
[kæt]

名 ネコ
・複数 cats [kæts]
▶ rain cats and dogs
（どしゃ降りの雨が降る）

1370 **toward**
トードゥ / トゥウォードゥ
[tɔ́ːrd/təwɔ́ːrd]

前 ～の方へ，～に向かって
▶ He was running toward the lake.
（彼は湖の方に向かって走って行った）

例文 299

Most patients aren't disappointed by the successful dentist.

文法➡ p.233 35

ほとんどの患者は，その有能な歯科医にがっかりすることはない。

1371 **patient**
ペイシェントゥ
[péiʃənt]

名 患者

・複数 patients [-ʃənts]

▶ a hospital patient（病院の患者）

形 忍耐《にんたい》強い

・比較 patient - more patient - most patient

1372 **disappoint**
ディサポイントゥ
[disəpɔ́int]

動 （人）を失望させる

・活用 disappoint - disappointed [-id] - disappointed

・3単現 disappoints [-pɔ́ints]

1373 **be disappointed by ~**
ビ　ディサポインティッドゥ バイ

熟 ～でがっかりする，失望する

1374 **successful**
サクセスフゥ
[səksésfəl]

形 有能な，好結果の，成功した

・比較 successful - more successful - most successful

cf.➡ success 名 成功（p.321 例文 296）

▶ a successful businessman（成功した実業家）

1375 **dentist**
デンティストゥ
[déntist]

名 歯科医

・複数 dentists [-tists]

▶ go to the dentist（歯医者に行く）

例文 300

The owner doesn't allow his captain to reply in a rude way.

文法→ p.204 28

オーナーは船長に，失礼な態度で返事をすることを許さない。

1376
owner
オウナァ
[óunər]

名 持ち主，所有者
- 複数 owners [-z]
- cf.→ own 動 所有する（p.63 例文 52）
- ▶Bill is the owner of this yacht.
（ビルはこのヨットの所有者です）

1377
allow
アラウ 発
[əláu]

動 ～を許す
- 活用 allow - allowed [-d] - allowed
- 3単現 allows [-z]

1378
allow ... to *do*
アラウ トゥ

熟 …が～するのを許す

1379
captain
キャプテン
[kǽptən]

名 船長，キャプテン
- 複数 captains [-z]

1380
reply
リプライ
[riplái]

動 返事をする，答える
- 活用 reply - replied [-d] - replied
- 3単現 replies [-z]

1381
rude
ルードゥ
[ru:d]

形 失礼な，乱暴な
- 比較 rude - ruder - rudest [-ist]
- 反 polite《ポライトゥ》 形 礼儀正しい
- ▶rude behavior（失礼な行為）

さくいん　英単語

● 太字の数字は，見出し語として掲載されているページです。●

A

B

C

F

I

Q

R

S

T

Y

Z

さくいん 英熟語

● 太字の数字は，見出し語として掲載されているページです。●

C

③

著者紹介

組田幸一郎（くみた・こういちろう）

山形大学教育学部卒業。千葉大学大学院修了。元千葉県立高等学校教諭。現在，Sアカデミー（千葉市美浜区）代表。著書に『高校これでわかる基礎英語』『高校やさしくわかりやすい英文法』（以上文英堂），『成長する英語教師をめざして』（ひつじ書房・共編著）などがある。

□ 英文校閲　Daniel Hamlow
□ イラスト　ふるはしひろみ
□ DTP　（有）アートマン
□ 録音　爽美録音（株）
□ 英文ナレーション　Carolyn Miller

シグマベスト
短文で覚える
中学英単語1900

著　者　組田幸一郎
発行者　益井英郎
印刷所　凸版印刷株式会社
発行所　株式会社文英堂
〒601-8121　京都市南区上鳥羽大物町28
〒162-0832　東京都新宿区岩戸町17
（代表）03-3269-4231

●落丁・乱丁はおとりかえします。